ART OF WAR STRATEGIE-RÄTSEL

Originaltitel: *The Art of War Strategic Puzzles*
ISBN 978-1-78039-249-6
Texte und Rätsel: Richard Wolfrik Galland

Die Zitate von Sun Tsu entstammen der Übersetzung von Sherley Chan,
erschienen bei AuraBooks.
ISBN-13: 978 3 8482 2592 7
ISBN-13: 978 1 4793 2271 8 (Paperback)

Übersetzung aus dem Englischen: Kerstin Fricke
Fach- und Sprachlektorat: Dr. Kristina Wengorz
Satz: Julian Pies
Gesamtherstellung: Ullmann Medien GmbH, Rheinbreitbach

ISBN 978-3-7415-2393-9
10 9 8 7 6 5 4 3 2 1
www.ullmannmedien.com

Bildnachweis

Der Verlag dankt den folgenden Rechteinhabern für die freundliche Genehmigung, die Bilder in diesem Buch abzudrucken.

Alamy: Keith Corrigan; Lebrecht Music & Arts
Bridgeman Images: Look and Learn; Puskin Museum, Moscow
Getty Images: Christophel Fine Art/UIG; MPI; Stock Montage; VGC Wilson/Corbis; Ed Vebell
Library of Congress
Shutterstock: Algol; Baker Alhashki; Maxim Apryatin; Irantzu Arbaizagoitia; Arcansel; AZir; BGodunoff; Serhii Bobyk; briddy; Linda Bucklin; BUDO_KZ; ChrisVanLennepPhoto; Fernando Cortes; CW Pix; Alfredo Dagli Orti; Gianni Dagli Orti; Darin8005; Robert Davies; delcarmat; Digital Media Pro; Dim Dimich; DM7; draco77vector; steve estvanik; eveleen; Everett Historical; FXQuadro; giannimarchetti; Jean-Michel Girard; givaga; John Gomez; Hennadii H; Patricia Hofmeester; insima; Anan Kaewkhammul; Sergey Kamshylin; kaprik; kornilov007; Kamila Koziol; Kozlik; Irina Kryvets; LifeCollectionPhotography; Macrovector; Antonov Maxim; MgPL; Artem Mishukov; Morphart Creation; MSSA; david muscroft; Navalnyi; Nejron Photo; Nerthuz; Michal Ninger; NorSob; Hein Nouwens; Onlife; Regien Paassen; Panda Vector; PANGI; patrimonio designs ltd; josep perianes jorba; PHILIPIMAGE; Prokop1320; quadshock; RikoBest; Jane Rix; Natalia Ryazantseva; salajean; Sammy33; satori.artwork; sea whisper; Skryi Sergey; sl_photo; Dennis Steen; Stocksnapper; tandemich; TaraPatta; Keith Tarrier; Teguh Jati Prasetyo; Tereshchenko Dmitry; TonLammerts; Tribalium; vadimmmus; Vector Room; Vector Tradition; vectorOK; VikiVector; vkilikov; Warpaint; Yuniar91
Topfoto
Courtesy of TripAdvisor
Wikimedia Commons

Sollten es trotz unserer Bemühungen, die Quellen und/oder Rechteinhaber korrekt zu benennen und zu kontaktieren, zu Fehlern oder Versäumnissen gekommen sein, möchten wir uns dafür entschuldigen und werden dies in künftigen Auflagen korrigieren.

ART OF WAR

STRATEGIE-RÄTSEL

Richard Wolfrik Galland

ULLMANN

INHALT

EINLEITUNG

Krieg ist die wohl selbstzerstörerischste und unheilvollste Erfindung der Menschheit. Nach einem von drei großen Kriegen geprägten Jahrhundert ziehen heute die meisten Nationen den friedlichen Handel einer bewaffneten Auseinandersetzung vor – es sei denn, sie können von Letzterer aus sicherer Entfernung profitieren.

Dennoch sind viele von uns, die nie selbst direkt davon betroffen waren, fasziniert von Kriegen. Geschichten über Kriegshelden schenken uns Hoffnung und bewirken, dass wir den momentan herrschenden Frieden umso mehr genießen, während Strategien und Taktiken, die für das Schlachtfeld entwickelt wurden, auch in weniger gewalttätigen (wenngleich ebenso auf den Konkurrenzkampf ausgelegten) Bereichen wie der Sport- oder Geschäftswelt zum Einsatz kommen.

Schon im fünften Jahrhundert v. Chr. fasste der chinesische General Sun Tsu seine Beobachtungen über die Kriegsführung in »Die Kunst des Krieges« zusammen. Diese erste militärische Abhandlung der Welt wird bis heute nicht nur von hochrangigen Militärs, sondern auch von

»WER DEN FRIEDEN WILL, BEREITE SICH AUF DEN KRIEG VOR.«

– PUBLIUS FLAVIUS VEGETIUS RENATUS

»DIE KUNST DES KRIEGES IST FÜR DEN STAAT VON ENTSCHEIDENDER BEDEUTUNG.«

– SUN TSU

Menschen, die in dieser gnadenlosen Welt einfach nur überleben wollen, sehr geschätzt.

Sun Tsus Einsichten bilden die Grundlage für dieses Buch voller kniffliger Rätsel, die uns durch die Jahrhunderte der Kriegsführung und über Schlachtfelder auf mehreren Kontinenten führen werden, um Sie in Bezug auf Strategie, Problemlösung und Intuition auf die Probe zu stellen.

Die »Schlachtfeld«-Rätsel beziehen sich auf reale historische Begegnungen, deren Ausgang Sie vorhersagen sollen. Wenn Sie mit der Militärgeschichte vertraut sind, werden Sie vielleicht so manche Schlacht anhand der Beschreibung wiedererkennen und können Ihr Wissen beweisen!

Ein Hinweis: Um die Rätsel zugänglicher zu machen, habe ich vieles vereinfacht und mir einige künstlerische Freiheiten erlaubt. Sollten mir dabei drastische historische Ungenauigkeiten passiert sein, bitte ich um Entschuldigung.

»KRIEG IST DIE FORTSETZUNG DER POLITIK MIT ANDEREN MITTELN.«

– CARL VON CLAUSEWITZ

»WAR, HUH, YEAH, WHAT IS IT GOOD FOR?«

– N. WHITFIELD/ B.STRONG

I. ANTIKE

Die ersten bewaffneten Auseinandersetzungen zwischen verschiedenen Gruppen wurden noch mit Waffen und Taktiken geführt, die den bei der Jagd verwendeten ähnelten. Als aber die Siedlungen der Menschen größer wurden, stieg auch der Bedarf an militärischer Organisation. Daraufhin entstanden neue Technologien wie der Streitwagen und Taktiken wie die der Zermürbung, die der verbrannten Erde oder die Guerillataktik.

Dank seiner militärischen Stärke konnte das mächtige Perserreich seine Herrschaft bis in das Gebiet der griechischen Stadtstaaten ausdehnen, indem es im Laufe von fünfzig Jahren mehrere Kriegszüge dorthin unternahm. Finden wir doch heraus, wie gut Sie die Armeen in der Antike befehligt hätten!

ÜBERNEHMEN SIE DAS KOMMANDO

SCHLACHTFELD 490 v. Chr.

Lassen Sie uns Griechenland erobern! Der persische Großkönig Dareios I. hat Ihnen den Oberbefehl über eine mächtige Armee übertragen, zu der auch eine Einheit der »Unsterblichen« gehört – bestens ausgebildete Krieger, die weder Angst noch Mitleid kennen. Sie sind zur Halbinsel Attika gesegelt und sollen von dort aus gen Athen marschieren.

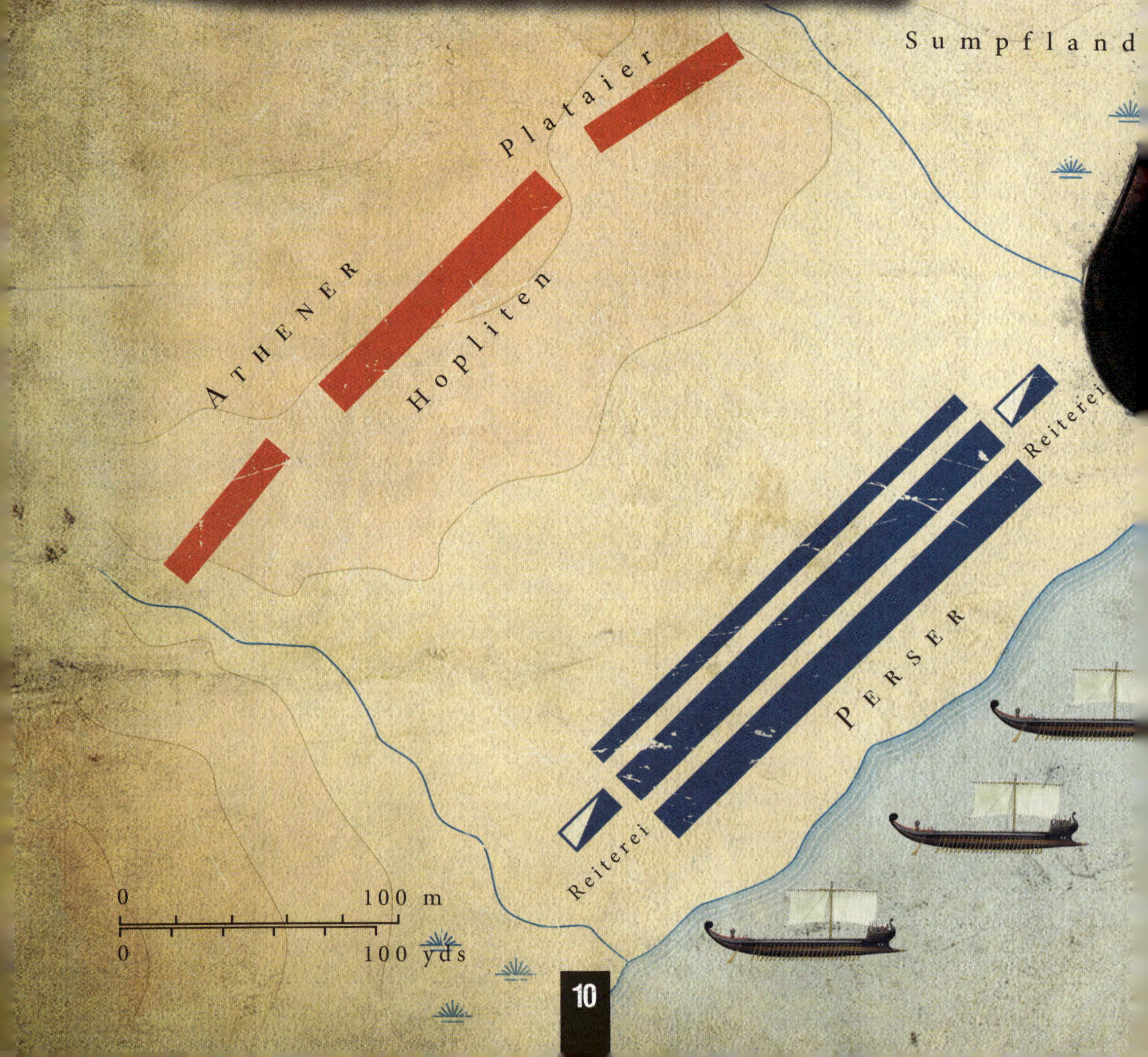

DAS SCHLACHTFELD

Der Feind versperrt Ihnen den weiteren Vormarsch auf einer sumpfigen, von Bergen umgebenen Ebene. Sie müssen die Blockade durchbrechen oder sich geschlagen geben.

VERFÜGBARE TRUPPEN

PERSISCHE ARMEE

1.000 Gerüstete Elitereiter
25.000 Fusssoldaten

GRIECHISCHE ARMEE

10.000 Soldaten – grösstenteils athenische Hopliten (gerüstete Speerkämpfer) und Schleuderer

STRATEGIE

Sie sind dem Gegner zahlenmässig überlegen, was bei einem Kampf in Feindesland von Vorteil ist. Sie hatten zwar erwartet, dass der Gegner Unterstützung aus Sparta bekommen hätte, doch Ihre Späher berichten, dass sich unter diesen Griechen keine Spartaner befänden.

WAS WERDEN SIE TUN?

I

Sie rücken vorsichtig näher, warten ab, was passiert, und behalten die Berge genau im Auge!

II

Sie verlassen sich auf das Überraschungsmoment, blasen zum Angriff und lassen Ihre Stosstruppen das Zentrum des Gegners angreifen.

III

Sie geben auf, beginnen mit dem geordneten Rückzug und kehren auf Ihre Schiffe zurück.

LÖSUNG UMSEITIG

LÖSUNG 490 V. CHR.

SCHLACHT BEI MARATHON

Sie haben soeben die *Schlacht bei Marathon* hinter sich gebracht, leider aufseiten der Verlierer. Die Athener trafen bezüglich des Schlachtfelds eine weise Entscheidung, da die Sümpfe und Berge Sie am Einsatz Ihrer Elitereiter hinderten.

ENTSCHEIDUNG FÜR I

IHRE TRUPPEN WÄREN ZWAR DEN GESCHOSSEN DER GRIECHEN AUSGESETZT GEWESEN UND DER FEIND HÄTTE VERSTÄRKUNG ERHALTEN KÖNNEN. ABER ES IST MÖGLICHERWEISE EHRENVOLLER, IN DER SCHLACHT ZU FALLEN, ALS SICH DAREIOS' ZORN AUSZUSETZEN.

ENTSCHEIDUNG FÜR II

GENAU DAS HABEN DIE PERSER GETAN: SIE GRIFFEN AN, NUR UM VON DEN ATHENISCHEN FUSSSOLDATEN IN DIE ZANGE GENOMMEN UND ABGESCHLACHTET ZU WERDEN!

ENTSCHEIDUNG FÜR III

DURCH EINEN RÜCKZUG HÄTTEN SIE VERMUTLICH EINE KATASTROPHE VERHINDERT, DOCH IHR RUF HÄTTE DARUNTER GELITTEN UND SIE HÄTTEN HÖCHSTWAHRSCHEINLICH DEN KOPF VERLOREN!

KRÄFTEGLEICHGEWICHT I

Es ist Ihre Aufgabe, die feindliche Armee aufzuhalten, bis Verstärkung eintrifft. Ein guter General setzt nicht all seine Truppen auf einmal ein, sondern kennt seine Einheiten (Fußsoldaten, Reiterei, Bogenschützen usw.) und weiß, wie sie sich gegen die jeweiligen gegnerischen Einheiten schlagen.

VERFÜGBARE TRUPPEN

Ihre Einheiten bestehen aus Hopliten, die des Feindes aus Schleuderern und Streitwagen. Wir gehen davon aus, dass Ihre Einheiten ebenso gut sind wie die Ihres Gegners und dass es nur auf die Zahl und Art der Einheiten ankommt.

SCHLEUDERER HOPLITEN STREITWAGEN

DAS SCHLACHTFELD

Die folgenden Einheiten gleichen einander aus und sorgen für eine Pattsituation.

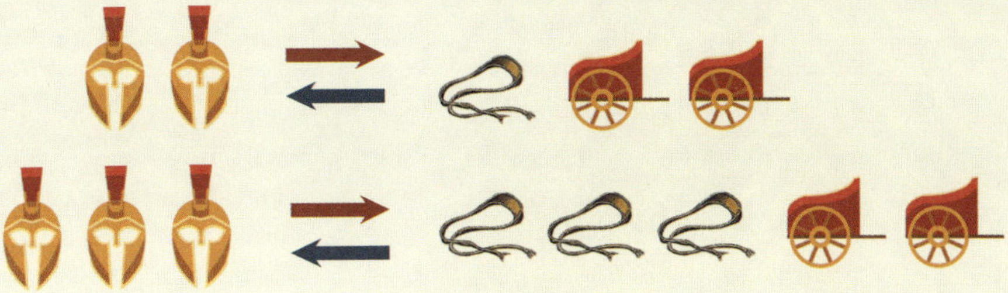

STRATEGIE

Wie viele Hopliten benötigen Sie, um eine feindliche Armee aus vier Streitwagen und vier Schleuderern zu neutralisieren? Rechnen Sie es aus.

LÖSUNG AUF SEITE 204

IN DER DEFENSIVE

SCHLACHTFELD 480 v. Chr.

Der Krieg zwischen den Persern und Griechen tobt weiter. Diesmal führen Sie eine kleine, erfahrene Gruppe griechischer Hopliten gegen die persischen Invasoren unter dem Befehl des Perserkönigs. Es ist Xerxes I., Dareios' Sohn, ein furchterregender, aber auch hitzköpfiger General.

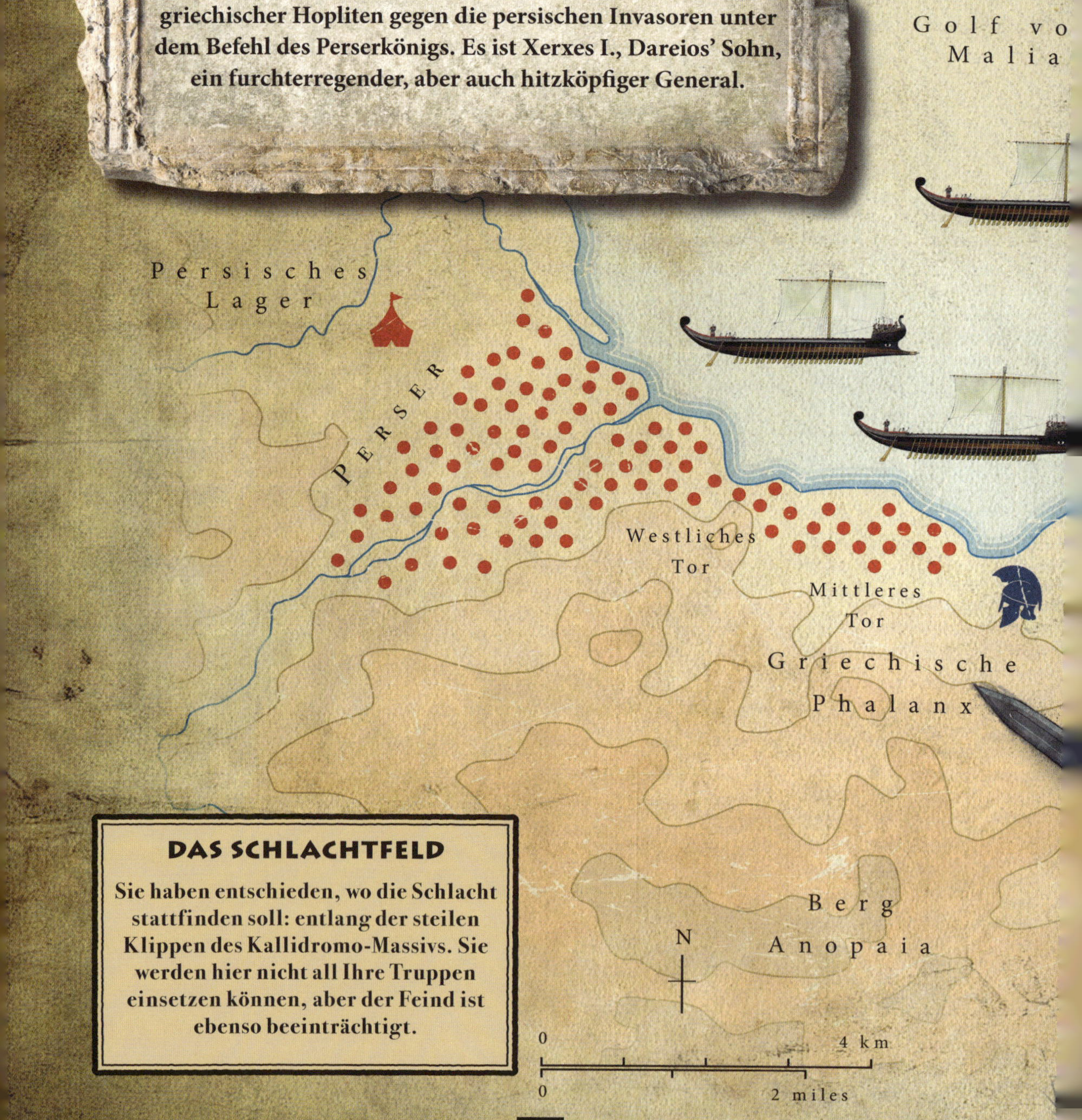

DAS SCHLACHTFELD

Sie haben entschieden, wo die Schlacht stattfinden soll: entlang der steilen Klippen des Kallidromo-Massivs. Sie werden hier nicht all Ihre Truppen einsetzen können, aber der Feind ist ebenso beeinträchtigt.

> »Für die geistig Tüchtigsten aber wird man mit Recht die erklären, die Gefahr und Genuss am klarsten erkennen, ohne deshalb vor Gefahren zurückzuschrecken.«
>
> – Thukydides

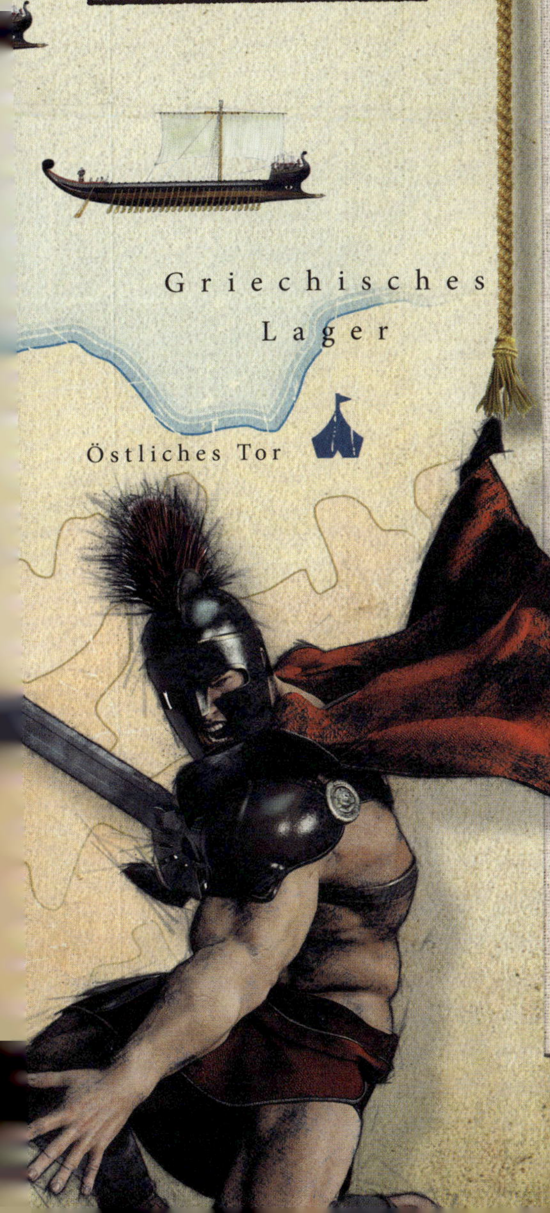

VERFÜGBARE TRUPPEN

GRIECHISCHE ARMEE

Nur knapp 7.000 Mann (nicht einmal jeder Zwanzigste ist ein spartanischer Hoplit)

PERSISCHE ARMEE

Etwa 300.000 Krieger (darunter die Unsterblichen – die persische Eliteeinheit)

STRATEGIE

Sie verteidigen Ihr Heimatland – Rückzug ist keine Option.

WIE WIRD DIE SCHLACHT WOHL VERLAUFEN?

I

Die Hälfte Ihrer Truppen wird zum Feind überlaufen, der Rest wird abgeschlachtet.

II

Es wird eine glorreiche Niederlage, falls es so etwas überhaupt gibt.

III

Die Griechen werden dank ihres Stoizismus und ihrer tapferen Truppen siegen.

LÖSUNG UMSEITIG

LÖSUNG 480 V. CHR.

SCHLACHT BEI DEN THERMOPYLEN

Sie haben soeben die *Schlacht bei den Thermopylen* bestritten und anstelle von König Leonidas dessen 300 berühmte spartanische Hopliten angeführt.

ENTSCHEIDUNG FÜR II

DAMIT LAGEN SIE RICHTIG.

DIE SPARTANER WAREN ZAHLENMÄSSIG DEUTLICH UNTERLEGEN, HIELTEN DIE PERSISCHE HORDE VOR DER VERNICHTUNG JEDOCH DREI TAGE LANG AUF. SIE KÄMPFTEN DERART WILD UND MUTIG, DASS IHRE GESCHICHTE NOCH JAHRHUNDERTE SPÄTER ERZÄHLT WIRD, ZULETZT IN FRANK MILLERS COMIC-REIHE »300«, DIE 2006 VERFILMT WURDE.

»Wenn du den Feind und dich selbst kennst, brauchst du den Ausgang von hundert Schlachten nicht zu fürchten.

Wenn du dich selbst kennst, doch nicht den Feind, wirst du für jeden Sieg, den du erringst, eine Niederlage erleiden.

Wenn du weder den Feind noch dich selbst kennst, wirst du in jeder einzelnen Schlacht in Gefahr sein, zu unterliegen.«

– Sun Tsu

IM KAMPF VERSCHOLLEN

Einer Ihrer Spione hat eine Mosaiktafel gestohlen, auf der die Zahl und Befestigungen des Feindes verschlüsselt dargestellt sind. Leider wurde der Spion auf dem Weg in Ihr Lager schwer verwundet und die Tafel beschädigt. Die letzten Worte des Mannes lauteten: »Der feindliche General besitzt weder Fantasie noch Flexibilität ...«

Können Sie herausfinden, welches der kleinen Gitterfelder in die Lücke des großen Mosaiks gehört?

	III		II	Z	III		
IV					IV		Z
					I	II	
	Z						
Z							I
		II	Z			VI	
IV					Z		IV
	V					Z	III

A

Z		V
II	VI	
IV		III

B

Z		V
	VI	
IV		III

C

Z		V
II	VI	
IV		III

D

Z		V
II	IV	
IV		III

LÖSUNG AUF SEITE 204

»Ohne Wissen kann
Geschicklichkeit nicht
gebündelt werden.

Ohne Geschick kann Stärke
nicht zum Tragen kommen.

Und ohne Stärke kann Wissen
nicht angewandt werden.«

– Alexander der Grosse

VERTEIDIGUNG DES HEIMATLANDES

SCHLACHTFELD 216 V. CHR.

Die nächste Schlacht findet in Apulien statt, einem Gebiet im Süden der italienischen Halbinsel. Sie sind ein General der Römischen Republik, die seit zwei Jahren erneut Krieg gegen Karthago führt. Der verhasste Feind ist in Ihr Heimatland eingefallen, das Sie nun verteidigen müssen.

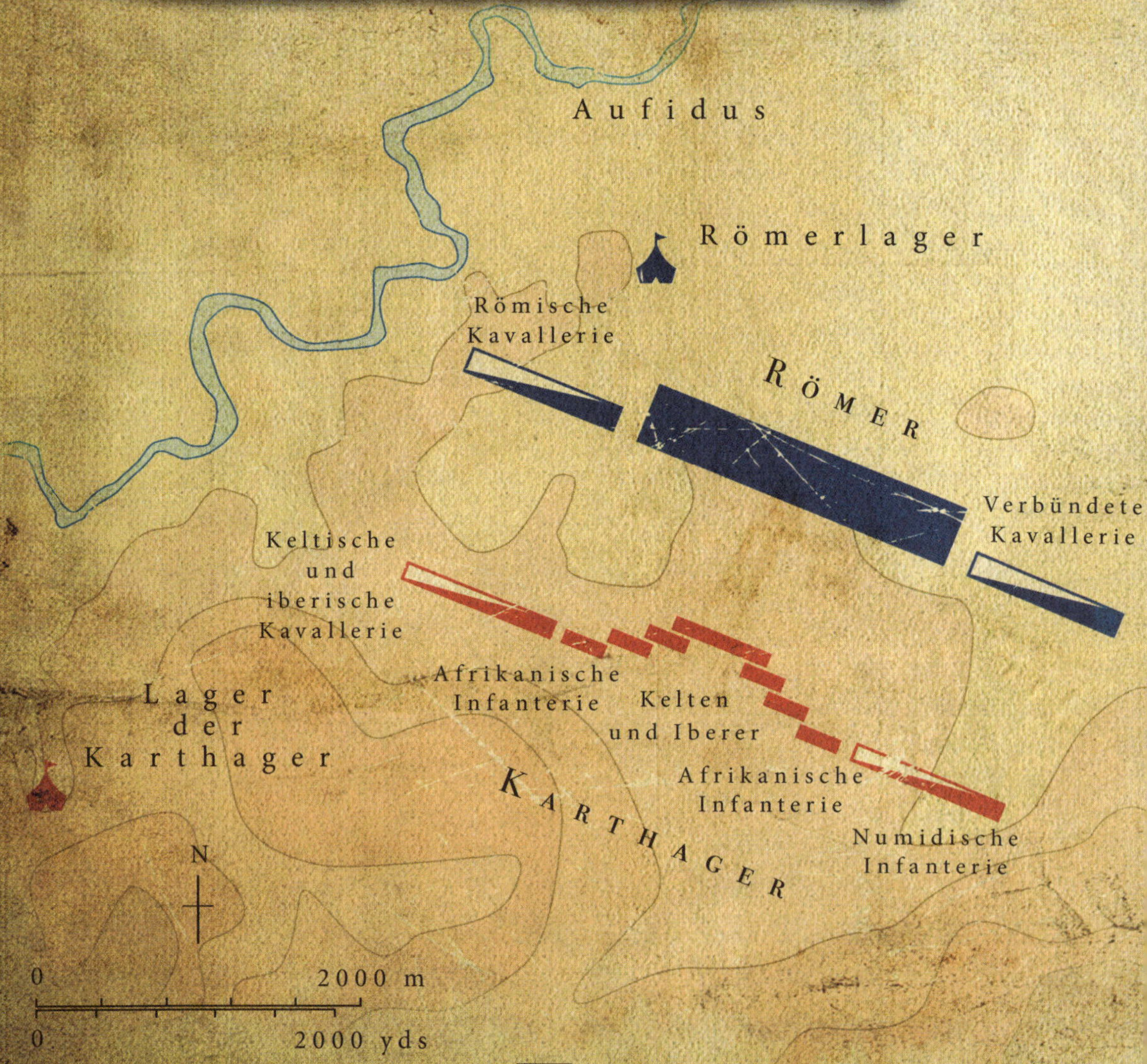

DAS SCHLACHTFELD

Der Feldherr Barkas hat einen Großteil seiner Armee auf dem langen Marsch in Ihr Gebiet verloren, aber Sie haben zugelassen, dass er den Ort für diese Schlacht bestimmen konnte.

VERFÜGBARE TRUPPEN

RÖMISCHE ARMEE

40.000 erfahrene römische Legionäre

40.000 verbündete Fusssoldaten.

Etwas über **8.000** Ritter

KARTHAGISCHE ARMEE

(unter Feldherr Barkas)

32.000 Fusssoldaten

10.000 Elitereiter

STRATEGIE

Es steht viel auf dem Spiel. Was werden Sie tun? Wählen Sie eine der folgenden Optionen.

I

Staffeln Sie Ihre Infanterie tiefer als sonst, um die feindliche Front zu durchbrechen.

II

Teilen Sie Ihre Truppen auf, und bewachen Sie Ihre Flanken.

III

Ergreifen Sie die Flucht!

LÖSUNG UMSEITIG

LÖSUNG 216 V. CHR.

SCHLACHT VON CANNAE

Sie haben in der *Schlacht von Cannae* gegen einen berühmten General gekämpft, den man nur beim Vornamen nennt: Hannibal (Barkas).

Diese Schlacht ist als eine der größten taktischen Meisterleistungen in die Militärgeschichte eingegangen und endete mit einer demütigenden Niederlage für Rom.

Entscheidung für I

Die Römer haben sich tiefer gestaffelt aufgestellt als sonst, da sie glaubten, ihre zahlenmässige Übermacht würde ausreichen. Aber sie hatten nicht mit Hannibals Einfallsreichtum gerechnet. Er liess seine zentral aufgestellten Fusssoldaten vor den heranrückenden Römern zurückweichen und dann seine übrigen Truppen von den Flanken aus angreifen, sodass die Römer umzingelt waren. Die vordersten Reihen der Römer wurden systematisch abgeschlachtet, während die hinteren von ihren eigenen Kameraden kampfunfähig zusammengedrängt waren. Hannibals Elitereiter vernichteten die römische Kavallerie und kehrten zurück, um die römische Infanterie von hinten zu attackieren, womit deren Schicksal besiegelt war.

Entscheidung für II

Das wäre im Nachhinein die weitaus bessere Wahl gewesen!

FINDEN SIE EINEN WEG

DIE ELEFANTEN VON KARTHAGO

218 v. Chr. führte Hannibal seine Armee nach Italien und umging die römische Verteidigung zu Land und zu Wasser, indem er die Alpen überquerte. Sie müssen ihm auf seiner gefährlichen Reise mithilfe der von einem Gallier erstandenen Karte helfen.

Wo muss Hannibal auf der Karte starten, um sicher über die Alpen und zu dem mit dem roten Elefanten markierten Ziel zu gelangen? Auf jedem Feld stehen die Richtung und die Entfernung, die Sie als Nächstes zurücklegen müssen, »I S« bedeutet beispielsweise, dass Sie ein Feld nach Süden gehen müssen. Wählen Sie den Weg mit Bedacht.

I S	I W	III S	II W
I E	III S	III S	I W
II E	II E	I W	I S
I S	I W	I W	
II N	II E	IV N	III N

LÖSUNG AUF SEITE 205

HEIMKEHR

SCHLACHTFELD 202 V. CHR.

Nun schlüpfen Sie in die Sandalen des ruhmreichen Hannibal. Sie sind von Ihrem Italienfeldzug zurückgerufen worden und müssen Ihr Heimatland gegen die von Publius Cornelius Scipio angeführten römischen Invasoren verteidigen. Scipio hat bereits Ihre Kommandanten besiegt und Ihre Truppen aus Iberien vertrieben. Jetzt wird er vom numidischen Fürsten Massinissa unterstützt.

DAS SCHLACHTFELD

Sie konnten schnell genug Ihre Truppen mobilisieren, um ein optimales Schlachtfeld auszuwählen: eine offene Ebene. Scipio hat seine Infanterie in der damals neuen, heute klassischen Treffentaktik aufgestellt.

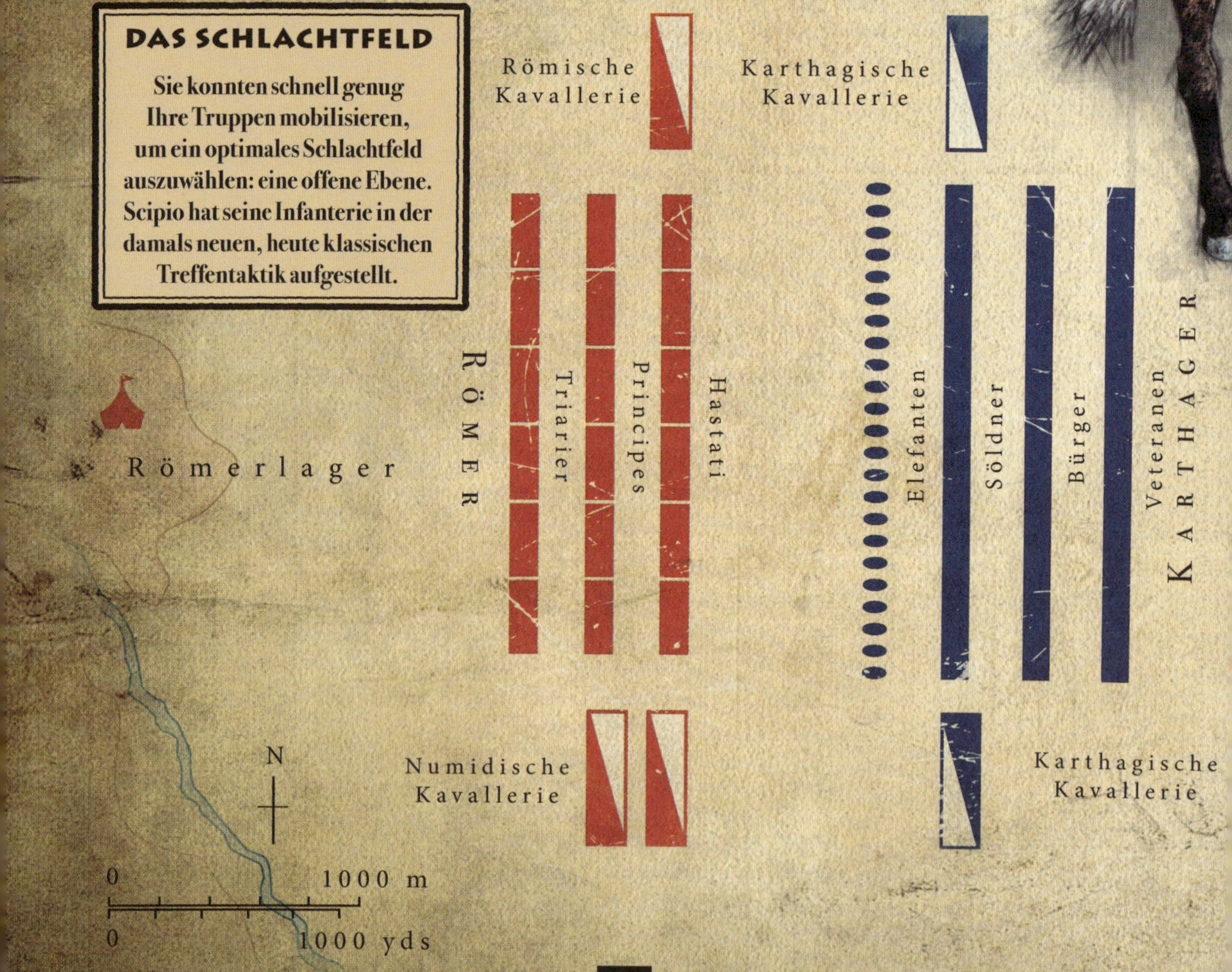

VERFÜGBARE TRUPPEN

KARTHAGISCHE ARMEE

36.000 Fusssoldaten (Söldner, Veteranen und rekrutierte Bürger)

4.000 Reiter

80 Kriegselefanten

RÖMISCHE ARMEE

Knapp **30.000** Fusssoldaten

Etwa **6.100** Reiter

STRATEGIE

Welche Einheiten werden in dieser Schlacht den Ausschlag geben?

I
Kriegselefanten

II
Reiter

III
Rekrutierte Bürger (Fusssoldaten)

LÖSUNG UMSEITIG

LÖSUNG 202 V. CHR.

SCHLACHT VON ZAMA

Selbst Hannibal war nicht unfehlbar, wie er hier bei der *Schlacht von Zama* feststellen musste. Sein dortiger Gegner Scipio Africanus wird als einer der größten Generäle aller Zeiten angesehen.

ENTSCHEIDUNG FÜR I

SCIPIOS REITER LIESSEN SICH VON HANNIBALS ELEFANTEN NICHT EINSCHÜCHTERN, SONDERN ÖFFNETEN EINFACH IHRE REIHEN, UM NICHT ZERTRAMPELT ZU WERDEN, UND VERTRIEBEN DIE TIERE DANN MIT WURFGESCHOSSEN.

ENTSCHEIDUNG FÜR II

DIE ZAHLENMÄSSIG ÜBERLEGENE RÖMISCHE REITEREI KONNTE DIE KARTHAGISCHE KAVALLERIE BESIEGEN UND ANSCHLIESSEND DER KARTHAGISCHEN INFANTERIE (III) IN DEN RÜCKEN FALLEN – WAS SICH ALS ENTSCHEIDENDER SCHACHZUG HERAUSSTELLTE. HANNIBAL ERLITT FAST ZEHNMAL SO GROSSE VERLUSTE WIE SCIPIO.

»Entweder werde ich einen Weg finden – oder mir einen bauen.«

– Hannibal

DIE WÜRFEL SIND GEFALLEN

Nach dem Ende der Punischen Kriege gegen Karthago vergrößerte Rom sein Herrschaftsgebiet in Europa und dem Mittelmeerraum noch weiter. Um 50 v. Chr. wurde die Römische Republik von einem Triumvirat (Drei-Männer-Bündnis) aus Gnaeus Pompeius Magnus, Marcus Licinius Crassus und Gaius Julius Caesar geführt.

DREI WEISE MÄNNER?

Caesar war dank seiner Eroberungen berühmt geworden, und seine Verfassungsreformen hatten ihn beim Volk beliebt gemacht.

Als Prokonsul von Gallien erhielt er das Kommando über vier Legionen, mit denen ihm weitere Eroberungen gelangen, was sein Ansehen zunehmend steigerte.

Dann fiel Crassus im Kampf gegen die Parther, und Pompeius näherte sich, weil er sich von Caesars wachsender Macht bedroht fühlte, dem römischen Senat wieder an. Er erreichte, dass Caesar seinen Oberbefehl niederlegen, seine Armee auflösen und nach Hause zurückkehren sollte.

DIE ZWICKMÜHLE

Stellen Sie sich vor, Sie wären Caesar. Was sollen Sie tun? Sie beschließen, einen Wahrsager aufzusuchen und die Götter um ihren Rat zu bitten. Der Mann mit den irren Augen blickt von den Schafsinnereien auf und verkündet: »Ihr müsst zu jenem gehen, der einen Mund hat und doch nicht sprechen kann, der ein Bett hat, obwohl er niemals schläft!«

Was meint der in Rätseln sprechende Wahrsager wohl damit?

LÖSUNG AUF SEITE 205

II. RÖMISCHES REICH

Rom, einst ein schlecht verteidigter Stadtstaat, der 390 v. Chr. von den Galliern geplündert wurde, hatte sich drastisch verändert. Zu Lebzeiten von Julius Caesar verfügte das Reich über die am besten ausgebildete und ausgerüstete Armee der Welt und hatte seine Herrschaft auf Gallien und darüber hinaus ausgedehnt.

Caesars Entscheidung, der Autorität des Senats zu trotzen, führte zu einigen Veränderungen. Rom war bisher nur dem Namen nach ein Imperium gewesen, doch unter dem äußerst fähigen Oberbefehlshaber machte es sich daran, seine imperialen Ambitionen zu verwirklichen.

Der europäische Kontinent außerhalb der römischen Grenzen war von kriegerischen Stämmen besiedelt, deren Länder reiche Beute versprachen und deren Anführer eine harte Lektion in moderner Kriegsführung erwartete. Doch während Rom zur vorherrschenden Macht auf dem Kontinent wurde, tauchten von überall kampfbereite Rivalen auf.

GIER NACH BEUTE!

SCHLACHTFELD 53 V. CHR.

Marcus Licinius Crassus ist der reichste Mann Roms und einer der drei Anführer des ersten Triumvirats. Doch seine Gier ist grenzenlos, und er hat es auf die Reichtümer der Parther abgesehen. Sie begleiten Crassus auf seinem Feldzug gegen das Partherreich.

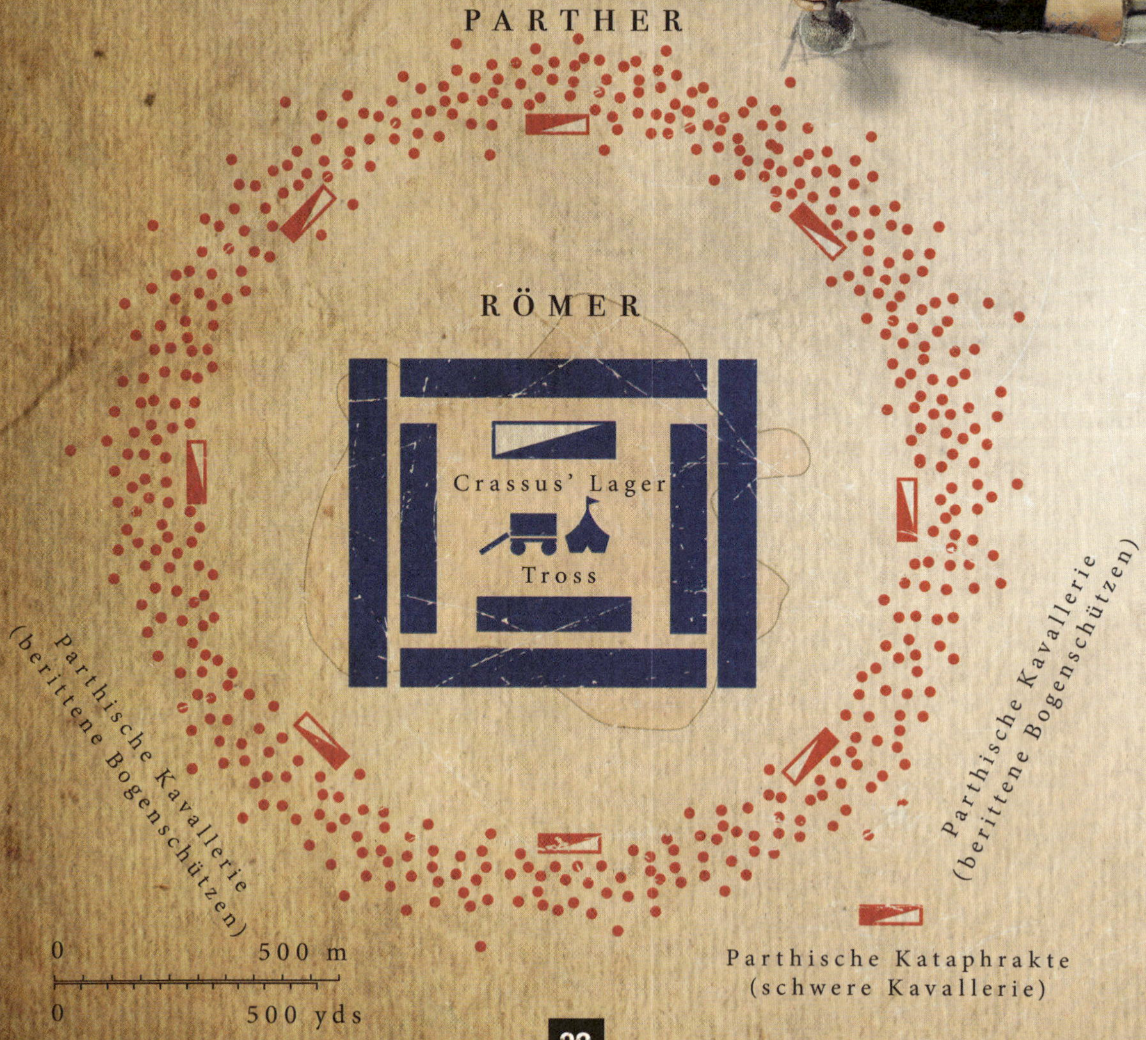

Das Schlachtfeld

Die Schlacht findet auf einer freien Ebene statt.

Verfügbare Truppen

Crassus' Armee

7 Legionen (aus insgesamt fast 50.000 Mann)

Parthische Armee

(unter Surena)

1.000 Kataphrakte (gerüstete schwere Kavallerie)

9.000 berittene Bogenschützen

Strategie

Tribun Gaius Ateius Capito, einer von Crassus' grössten Kritikern, befürchtet, der Feldzug werde katastrophal enden, und geht sogar so weit, Crassus zu verfluchen.

Der armenische König Artavasdes II. bietet Crassus freies Geleit durch sein Land sowie weitere 40.000 Mann für den Kampf gegen die Parther an. Aber Ihr Verbündeter Abgar II. (König von Osrhoene) hält jede Verzögerung für zu riskant und rät Crassus, schnellstmöglich anzugreifen.

Auf wen sollte Crassus hören?

I	II	III
Ateius	Artavasdes II.	Abgar II.

Lösung umseitig

»Nichts ist schwieriger, als der bewaffnete Kampf. Die Schwierigkeit besteht darin, Fernes in Nahes und Widrigkeiten in Vorteile zu verwandeln.«

– Sun Tsu

LÖSUNG 53 V. CHR.

SCHLACHT BEI CARRHAE

Wie Sie im Rätsel »Die Würfel sind gefallen« bereits erfahren haben, fiel Crassus im Kampf gegen die Parther, und zwar bei dieser Schlacht. In seiner Gier führte Crassus seine bedauernswerten Truppen in die *Schlacht bei Carrhae*, bei der er ums Leben kam, seine Armee vernichtet wurde und mit der die Republik endete.

ENTSCHEIDUNG FÜR I

ATEIUS' RATSCHLAG WAR DER BESTE, WENNGLEICH NICHT IN GUTER ABSICHT AUSGESPROCHEN. DIE PARTHISCHEN REITER DRÄNGTEN DIE ZAHLENMÄSSIG ÜBERLEGENEN RÖMISCHEN LEGIONEN RASCH IN DIE DEFENSIVE, SCHÜCHTERTEN SIE EIN UND TÄUSCHTEN RÜCKZÜGE VOR, UM SIE ZU ZERMÜRBEN, BEVOR SIE SIE MIT ANDAUERNDEM PFEILHAGEL VERNICHTETEN.

ENTSCHEIDUNG FÜR II

ARTAVASDES II. HÄTTE CRASSUS' INFANTERIE ZWAR VERDOPPELT, DOCH HÄTTEN SEINE TRUPPEN DEN TAKTISCHEN NACHTEIL DER ARMEE GEGEN DIE SCHNELLE PARTHISCHE KAVALLERIE NICHT AUSGLEICHEN KÖNNEN.

ENTSCHEIDUNG FÜR III

ABGAR II. WAR EIN VON DEN PARTHERN BEZAHLTER VERRÄTER, UND SEIN SCHLECHTER RATSCHLAG TRUG LETZTENDLICH ZUR KATASTROPHE BEI.

KRÄFTEGLEICHGEWICHT II

Sie müssen den Feind abermals in Schach halten,
während Sie auf Verstärkung warten.

VERFÜGBARE TRUPPEN

Ihre Einheiten bestehen aus Legionären, die des Feindes aus Onagern (Katapulten) und Reitern. Wir gehen davon aus, dass Ihre Einheiten ebenso gut sind wie die des Gegners und dass es nur auf die Zahl und Art der Einheiten ankommt.

LEGIONÄR **ONAGER** **KAVALLERIE**

DAS SCHLACHTFELD

Die folgenden Einheiten gleichen einander aus und sorgen für eine Pattsituation.

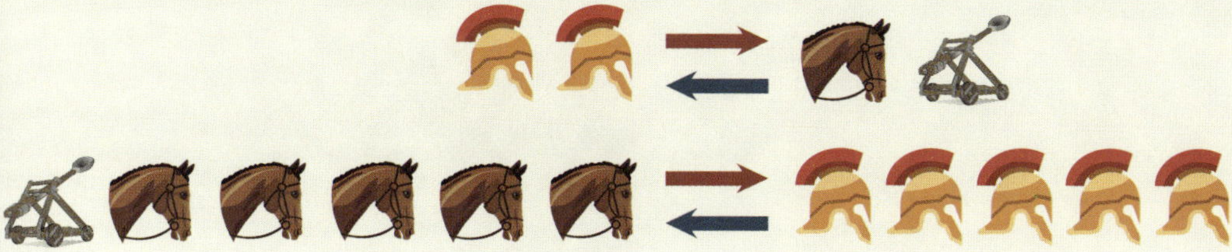

STRATEGIE

Wie viele Legionäre benötigen Sie, um eine feindliche Armee aus fünf Katapulten und einer Kavallerieeinheit zu neutralisieren?

LÖSUNG AUF SEITE 206

Die Initiative ergreifen

Schlachtfeld 48 v. Chr.

Nach der Überquerung des Rubikons marschierte Caesar an der Spitze seiner Veteranenlegion nach Rom. Pompeius verließ die Stadt und floh über das Meer nach Griechenland, wo er neue Truppen ausheben wollte. Doch Caesar hatte nicht vor, so lange zu warten. Er überquerte im Winter die Adria, wobei er Bibulus, den Pompeius als Kommandant über die Flotte eingesetzt hatte, geschickt auswich. Sie übernehmen nun Julius Caesars Rolle.

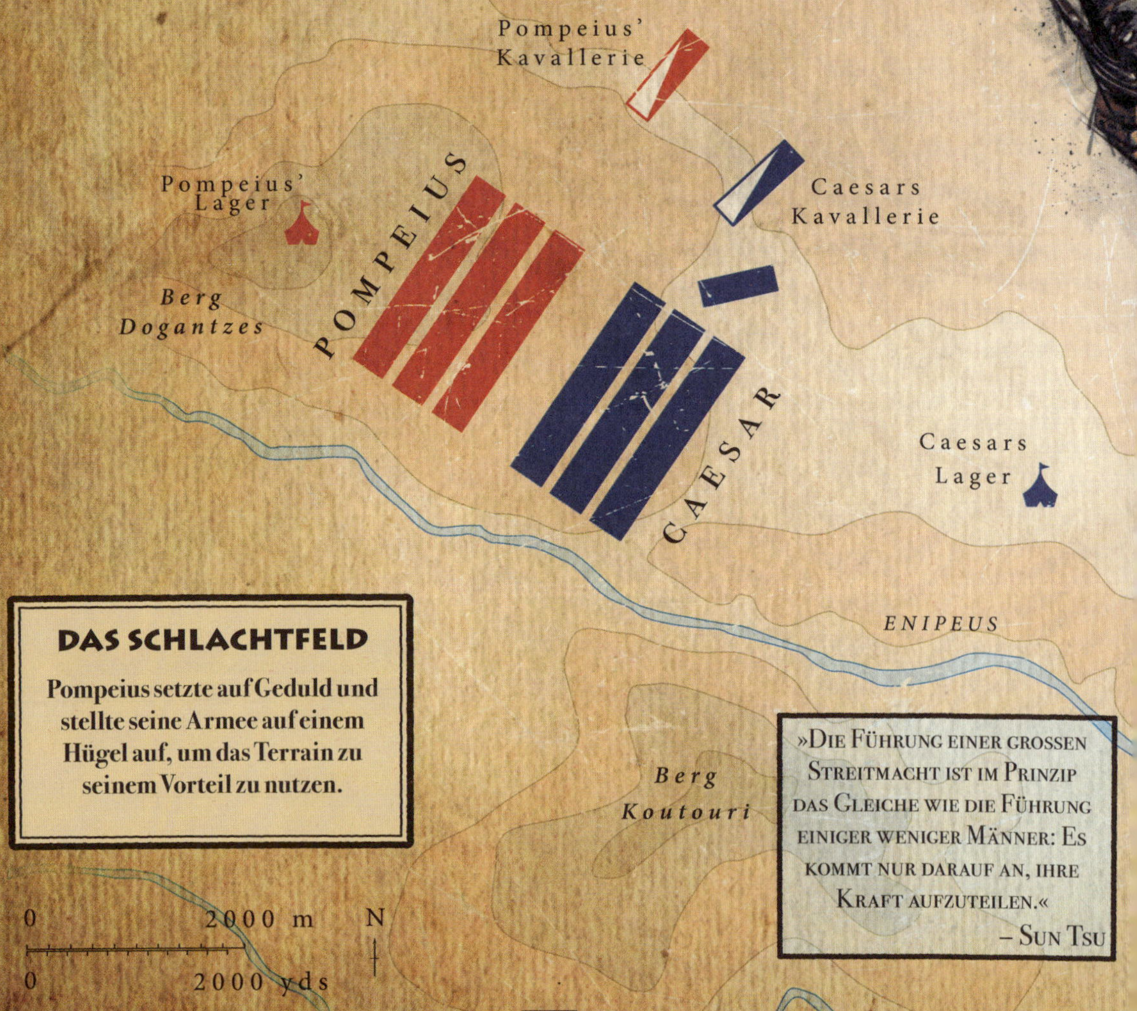

DAS SCHLACHTFELD

Pompeius setzte auf Geduld und stellte seine Armee auf einem Hügel auf, um das Terrain zu seinem Vorteil zu nutzen.

»Die Führung einer grossen Streitmacht ist im Prinzip das Gleiche wie die Führung einiger weniger Männer: Es kommt nur darauf an, ihre Kraft aufzuteilen.«
– Sun Tsu

Verfügbare Truppen

Pompeius' Armee ist Ihrer zahlenmässig überlegen.

Caesars Armee

22.000 Legionäre plus Hilfstruppen, davon etwa 1.000 Reiter

Pompeius' Armee

40.000 Legionäre plus Hilfstruppen, davon etwa 7.000 Reiter

Strategie

Da Sie Pompeius nicht zum Kampf zwingen können, gehen Sie zum geordneten Rückzug über – woraufhin Pompeius zum Angriff bläst! Sie bringen Ihre Männer wieder in Kampfformation, ziehen Ihre Reihen auseinander, um die grössere feindliche Armee aufzuhalten, und verstärken Ihre unterlegene Kavallerie mit einigen Fusssoldaten.

Wie wird die Schlacht für Sie ausgehen?

I

Mit einer Niederlage. Die Überreste Ihrer Truppen ziehen sich auf Ihre Schiffe zurück.

II

Mit einem Patt. Trotz Unterzahl verhindert Ihre überragende Disziplin hohe Verluste und Sie können den Kampf später fortsetzen.

III

Mit einem spektakulären Sieg. Pompeius' Armee ist Ihrem militärischen Genie nicht gewachsen.

LÖSUNG UMSEITIG

LÖSUNG 48 V. CHR.

SCHLACHT VON PHARSALOS

Caesar hat bei der *Schlacht von Pharsalos* gegen seinen Erzrivalen sein überragendes militärisches Genie bewiesen.

ENTSCHEIDUNG FÜR III

CAESAR BAUTE AUF DIE ERFAHRUNG UND DISZIPLIN SEINER INFANTERIE. SEINE REITER LIESSEN SICH VOR POMPEIUS' GRÖSSERER KAVALLERIE ZURÜCKFALLEN, DIE AUF SEINE INFANTERIERESERVE TRAF. DIESE KONNTE DIE REITER ZURÜCKDRÄNGEN, SICH NACH INNEN VORARBEITEN UND POMPEIUS' INFANTERIE FLANKIEREN. POMPEIUS' ARMEE WURDE VERNICHTET – EIN SPEKTAKULÄRER TRIUMPH FÜR CAESAR! ER LIESS SICH VOM SENAT ZUM DIKTATOR ERNENNEN, WURDE JEDOCH NUR VIER JAHRE NACH DER SCHLACHT VON PHARSALOS VON SENATSMITGLIEDERN ERMORDET. VIELLEICHT WAR ER ZU CLEVER.

WACHDIENST (TEIL I)

Sie müssen dafür sorgen, dass die Zelte Ihrer Truppen gut bewacht werden.

Weisen Sie jedem Zelt auf der Karte unten eine Wache zu. Die Zahlen am Rand geben an, wie viele bewachte Felder es in jeder Zeile und Spalte gibt. Es darf keine Wache auf einem Feld platziert werden, das an ein weiteres bewachtes Feld grenzt (auch nicht über Eck). Jedes Zelt muss von einer Wache in einem angrenzenden Feld beschützt werden (mit dem es eine Linie, aber keine Ecke teilt).

Können Sie die Wachen richtig postieren?

Vergessen Sie nicht, dass es keine römische Ziffer für die Zahl Null gibt.

LÖSUNG AUF SEITE 206

ÄRGER MIT DEN EINHEIMISCHEN

SCHLACHTFELD 9 N. CHR.

Gaius Octavius, Julius Caesars Adoptivsohn, wurde 27 v. Chr. zum ersten Herrscher des Römischen Reiches und nannte sich fortan Imperator Caesar Augustus. Er brachte alle Armeen Roms unter seine direkte Kontrolle und erweiterte das Herrschaftsgebiet gewaltig. Fünfunddreißig Jahre später sollte der Feldherr Publius Quinctilius Varus die Macht des Imperiums in Germanien stärken, einem Land voller wilder Stämme, das sich der römischen Besatzung widersetzte. Sie schließen sich Varus' Armee an. Der Feldherr ist für seine Brutalität bekannt und bereit, jeden zu vernichten, der sich dem Willen des Imperators widersetzt!

DAS SCHLACHTFELD

Dichter Wald, in dem sich die Germanen gut auskennen. Es regnet.

»Die Spione des Feindes, die sich bei uns aufhalten, müssen aufgedeckt, mit Geldbestechungen verlockt, und bequem versorgt werden. So werden sie umgedreht und stehen uns als Gegenspione zur Verfügung.«

– Sun Tsu

Verfügbare Truppen

Römische Armee

Über 30.000 Soldaten – drei sehr disziplinierte Legionen und zwei Kohorten mit Hilfstruppen. Sie marschieren in einer sechzehn Kilometer langen Kolonne.

Germanische Rebellen

Weniger als 30.000 Krieger, denen es an Ausrüstung und Ausbildung mangelt.

Strategie

Sie sind Kommandant in Varus' Armee und haben wichtige Informationen von Arminius erhalten – einem Germanen, der in Rom militärisch ausgebildet wurde: Die feindlichen Häuptlinge konzentrieren sich eher auf ihre eigenen Streitigkeiten als auf den Kampf gegen die Römer.

Wie wird die Schlacht Ihrer Meinung nach ausgehen?

I

Varus' brutaler Ruf hat die Bevölkerung eingeschüchtert, sodass er ohne grossen Widerstand den Sieg erringt.

II

Die Germanenstämme setzen ihre gute Geländekenntnis ein und locken die Römer in einen Hinterhalt.

III

Arminius versteht die Germanen so gut, dass er viele Anführer auf Varus' Seite holt und es gar nicht erst zur Schlacht kommt.

Lösung umseitig

LÖSUNG 9 N. CHR.

SCHLACHT IM TEUTOBURGER WALD

Dies war die *Schlacht im Teutoburger Wald* (auch als *Varusniederlage* bekannt, womit Sie den Ausgang erraten können).

ENTSCHEIDUNG FÜR II

DAMIT LAGEN SIE RICHTIG. VARUS' RATGEBER, DER GERMANENFÜRST ARMINIUS, WURDE ZWAR IN ROM AUSGEBILDET, BLIEB SEINEM HEIMATLAND JEDOCH TREU ERGEBEN UND TÄUSCHTE DIE RÖMER. DIE VEREINTEN GERMANENSTÄMME WAREN ALLES ANDERE ALS SCHLECHT VORBEREITET UND KONNTEN SICH DANK IHRER GUTEN GELÄNDEKENNTNIS AUFTEILEN UND AUF EINZELNE TEILE DER LANGEN RÖMISCHEN KOLONNE KONZENTRIEREN. DER STURZBACHARTIGE REGEN MACHTE FÜR DIE RÖMER ALLES NUR NOCH SCHLIMMER. VARUS' LEGIONEN WURDEN BEIM HINTERHALT FAST VOLLKOMMEN VERNICHTET, UND DIESE DEMÜTIGENDE NIEDERLAGE ERSCHÜTTERTE ROM ZUTIEFST.

DOPPELZÜNGIGE DRUIDEN

43 n. Chr. machten sich die Römer daran, Britannien zu erobern. Sie stießen auf erbitterten Widerstand durch die verschiedenen einheimischen Stämme und deren religiöse Oberhäupter, die Druiden.

Sie verhören fünf Druiden, um herauszufinden, wer ihr Anführer ist. Trotz Ihrer Drohungen wollen die Männer nicht kooperieren ...

Amergin sagt: »Dornoll führt uns an!«

Bodhmall erklärt: »Ich bin nicht der Anführer!«

Cathbad behauptet: »Erwan ist zu dumm, um Anführer zu sein!«

Dornoll meint: »Amergin lügt!«

Erwan verkündet: »Bodhmall sagt die Wahrheit!«

Verzweifelt wenden Sie sich an den Barden, der bekanntermaßen unter einem »geas« (Fluch) steht und nicht lügen kann, und fragen ihn, welche Druiden die Wahrheit sagen. »Nur drei!«, gibt er gezwungenermaßen zu, und bevor Sie weiter nachhaken können, stürzt er sich von einer Klippe in den Tod.

Welcher der Druiden ist denn nun der Anführer?

LÖSUNG AUF SEITE 207

FÜR DIE EHRE!

SCHLACHTFELD 60 N. CHR.

Sie befinden sich wieder einmal im von Rom besetzten Britannien, nun jedoch aufseiten der Briten. Ihr Volk, die Icener, ist stolz und wurde von den Römern grausam behandelt: Man hat es aus seinen Häusern vertrieben, ausgeraubt und die Bevölkerung zu niederen Diensten gezwungen. Das schändlichste Vergehen war jedoch, dass Ihre Königin öffentlich ausgepeitscht und ihre Töchter geschändet wurden. Königin Boudicca muss gerächt werden!

Das Schlachtfeld

Die Römer können sich nicht so breit aufstellen wie Sie und nutzen eine Hufeisentaktik, um ihre Flanken zu schützen. Hinter Ihnen befindet sich die Wagenkolonne, die Ihre Familien schützt.

Verfügbare Truppen

Boudiccas Armee

200.000 Krieger

Römische Armee

10.000 Legionäre

Strategie

Die Legionäre sind gut gerüstet und größtenteils mit Pilum (Wurfspiess) und Gladius (Kurzschwert) bewaffnet. Ihre eigenen Truppen verfügen über die unterschiedlichsten Waffen, und Sie haben zudem einige Kriegsstreitwagen.

Wie stehen die Chancen für Boudiccas Armee? Auf in den Kampf!

I	II	III
Erniedrigende und völlige Vernichtung	Ein teurer Sieg	Ein deutlicher Sieg

Lösung umseitig

»Wer fähig ist zu siegen, indem er sich dem Gegner entsprechend wandelt und anpasst, verdient es, ein Genie genannt zu werden.«

– Sun Tsu

LÖSUNG 60 N. CHR.

SCHLACHT AN DER WATLING STREET

60 n. Chr. erlitt Königin Boudicca ihre letzte Niederlage gegen General Gaius Suetonius Paulinus bei der *Schlacht an der Watling Street*. Obwohl die Armee der Königin fast zwanzigmal größer war als die der Römer, erwiesen sich die überlegene Disziplin und die Rüstungen der Legionen als entscheidend. Die römischen Soldaten hielten gegen die wilde Keltenhorde die Formation und vernichteten die erste Welle mit einem Hagel aus Wurfspießen. Die Kelten konnten den römischen Schildwall nicht durchbrechen, und als die Römer zum Gegenangriff übergingen, kam es zum Gemetzel.

ENTSCHEIDUNG FÜR I

BOUDICCAS TRUPPEN WURDEN ABGESCHLACHTET, WODURCH DER WIDERSTAND GEGEN DIE RÖMER IM SÜDEN BRITANNIENS EIN FÜR ALLE MAL ENDETE.

UMRECHNUNGSKURS

Das Ausrüsten einer Armee ist ein kostspieliges Unterfangen. Sie wollen ein Banner für jede Ihrer Legionen besticken lassen – keine aufwendigen Insignien, nur der Name der Legion soll darauf prangen.

Der Sticker ist offensichtlich kein Freund Roms und nennt Ihnen einen sehr rätselhaften Preis:

Das Banner der dritten Legion wird Sie dreimal so viel kosten wie das der ersten, aber genauso viel wie das der vierten.

Das Banner der ersten Legion kostet die Hälfte der jeweiligen Banner der zweiten, fünften und zehnten Legion.

Der Preis für das Banner der zehnten Legion beträgt 300 Denare.

Was müssen Sie für die Banner aller zehn Legionen bezahlen?

LÖSUNG AUF SEITE 207

III. ZEITALTER DER KRIEGSHERRN

Über dreihundert Jahre lang gedieh das Römische Reich, und die sogenannte Pax Romana brachte den Menschen auf dem Kontinent Frieden und Wohlstand. Aber ab dem dritten Jahrhundert kam es im Reich zu einem Wechsel der Staatsreligion, einer Abfolge machtbesessener Herrscher und Aufständen unterdrückter Völker. Das Reich veränderte sich nicht nur drastisch, sondern wurde auch gespalten, wobei der östliche Teil die Vorherrschaft errang.

Kriegerische Nationen, die zuvor als »Barbaren« abgetan worden waren, wurden immer mächtiger, und die Welt erfuhr ihre Namen: Es waren die Hunnen, Goten und die mächtigen Mongolen.

KRISE!

Schlachtfeld 378 n. Chr.

Im Sommer 376 durchlitt das Oströmische Reich eine Einwanderungskrise. Zehntausende Goten erbaten Schutz vor den Hunnen. Kaiser Valens erlaubte ihnen, sich in seinem Reich niederzulassen, doch Lebensmittelknappheit und die Feindseligkeit der Einheimischen verwandelten eine Horde hungernder Flüchtlinge in eine mächtige Invasionsarmee. Sie sind Valens und kehren – nach dem Kampf gegen die Perser im Osten – in Ihre Hauptstadt Konstantinopel zurück, um sich um die Goten zu kümmern.

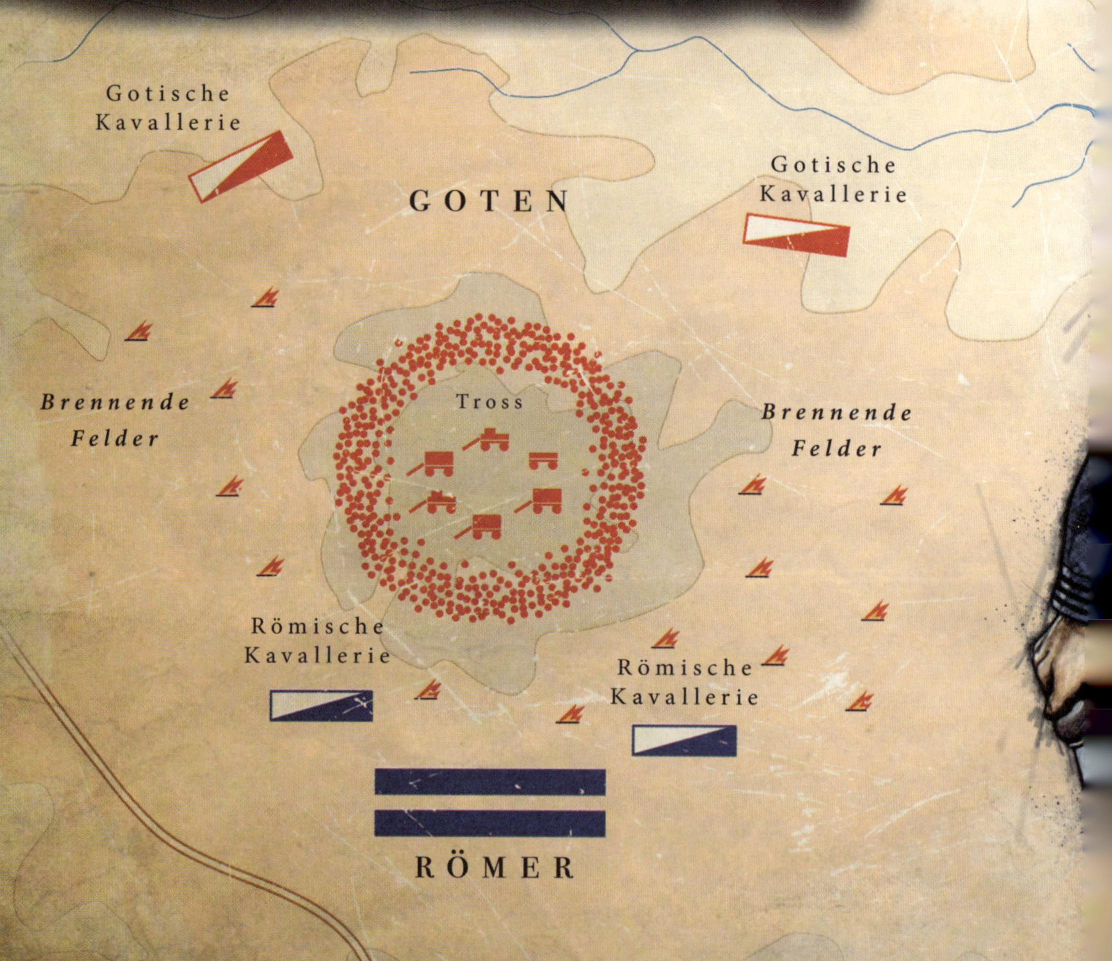

DAS SCHLACHTFELD

Das Lager der Goten liegt auf einem Hügel, und sie haben die umliegenden Felder in Brand gesteckt. Sie verteidigen ihren Wagenkreis, in dem sich ihre Familien und Habseligkeiten befinden. Viele Verteidiger sind zu Fuß unterwegs, da sie auf die Rückkehr der plündernden Reiter warten.

VERFÜGBARE TRUPPEN

VALENS' ARMEE

10.000 Fusssoldaten

5.000 Reiter

Ihre Truppen sind sehr diszipliniert, aber müde und durstig. Sie wollen es den Goten heimzahlen, die ihr Land entweihen und plündern.

GOTISCHE ARMEE

Knapp 15.000 Mann

STRATEGIE

Sie haben einen Waffenstillstand mit einem Boten der Goten ausgehandelt und planen nun Ihren nächsten Schritt.

WAS WERDEN SIE TUN?

I

Den Angriff hinauszögern?

II

Vorsichtig vorrücken?

III

Angreifen!

LÖSUNG UMSEITIG

LÖSUNG 378 N. CHR.

SCHLACHT VON ADRIANOPEL

Die *Schlacht von Adrianopel* endete mit einer Niederlage für die Römer. Dazu trugen verschiedene Faktoren wie die Erschöpfung von Valens' Truppen, der erstickende Rauch der brennenden Felder und die Rückkehr der schweren gotischen Kavallerie bei.

Entscheidung für I

Eine Verzögerung wäre keine gute Strategie gewesen – die Goten hatten die Römer bereits mit einem Waffenstillstand und Geiselaustausch hingehalten.

Entscheidung für II

Einige Römer griffen ohne Befehl an, erreichten damit jedoch nicht besonders viel.

Entscheidung für III

Im Nachhinein wäre ein direkter Angriff wohl die beste Option gewesen. Der Zorn Ihrer Soldaten hätte die Müdigkeit überwogen, und sie hätten die feindlichen Wagen vor der Rückkehr der Kavallerie angreifen können.

KRÄFTEGLEICHGEWICHT III

Wie zuvor müssen Sie auch jetzt den Feind in Schach halten, während Sie auf Verstärkung warten.

VERFÜGBARE TRUPPEN

Sie haben berittene Bogenschützen, der Feind Speerkämpfer und Reiter. Wir gehen davon aus, dass Ihre Einheiten ebenso gut sind wie die des Gegners und dass es nur auf die Zahl und Art der Einheiten ankommt.

BERITTENE BOGENSCHÜTZEN | SPEERKÄMPFER | REITER

DAS SCHLACHTFELD

Die folgenden Einheiten gleichen einander aus und sorgen für eine Pattsituation.

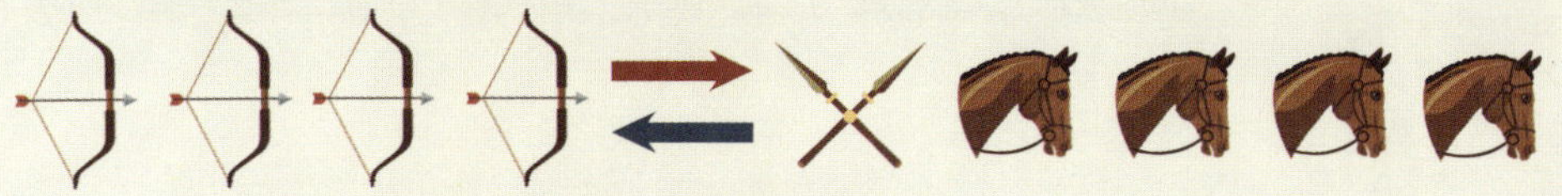

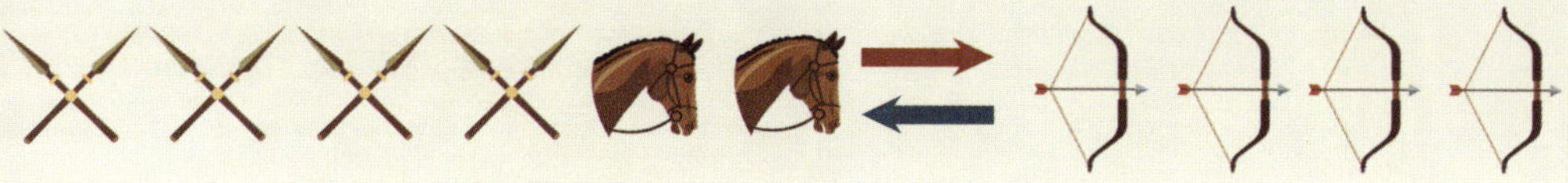

STRATEGIE

Wie viele berittene Bogenschützen benötigen Sie, um eine feindliche Armee aus fünf Reitern und drei Speerkämpfern aufzuhalten?

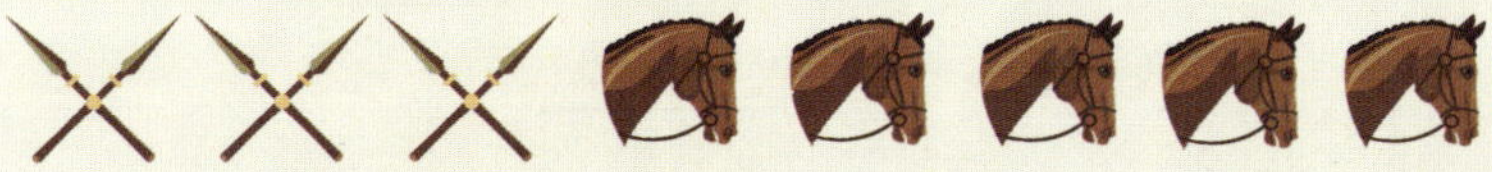

LÖSUNG AUF SEITE 208

DER WEG IN DEN WESTEN

SCHLACHTFELD 451 N. CHR.

Sie schließen sich dem berüchtigten Hunnenkönig Attila bei seinem Krieg gegen das schwindende Weströmische Reich an. Die Goten, die 378 n. Chr. in Rom eingefallen waren, haben ein wackliges Abkommen mit ihren früheren Feinden geschlossen und verstärken deren Armee. Aber Rom ist weit von seinem früheren Ruhm entfernt, und das Oströmische Reich zahlt Ihnen sogar Tribut, um sich vor Ihren Raubzügen zu schützen. Ihr Volk hat das von Rom besetzte Gallien schon seit Langem ins Auge gefasst und will es sich jetzt holen.

DAS SCHLACHTFELD

Die Römer haben ihre Armee aufgeteilt, um einen Wald zu umgehen. Sie beschließen, den Feind nicht daran zu hindern, sondern ihn auf freiem Feld anzugreifen.

VERFÜGBARE TRUPPEN

RÖMISCHE ARMEE

40.000 Krieger, hauptsächlich Fusssoldaten. Ein Drittel der Armee besteht aus Westgoten und Alanen.

HUNNENARMEE

40.000 Krieger, hauptsächlich Reiter, darunter Ihre omnipräsenten berittenen Bogenschützen.

STRATEGIE

Vergessen Sie nicht, dass es sich beim römischen Heerführer um Flavius Aëtius handelt, der unter Goten und Hunnen aufgewachsen ist und Ihre Strategien und Taktiken kennt. Zudem hat er viele Stämme unter seinem Banner vereint und den Grossteil Galliens wieder unter die Herrschaft Roms gebracht.

WIE WIRD DIE SCHLACHT IHRER MEINUNG NACHAUSGEHEN?

I
Sieg für Rom

II
Ergebnislos

III
Sieg für Sie und ihre Hunnen

LÖSUNG UMSEITIG

LÖSUNG 451 N. CHR.

SCHLACHT AUF DEN KATALAUNISCHEN FELDERN

Nicht alle historischen Schlachten hatten einen eindeutigen Sieger, wie die *Schlacht auf den Katalaunischen Feldern* beweist.

Entscheidung für I

Wenn Sie glauben, Rom habe die Schlacht gewonnen, stimmen Ihnen auch einige Historiker zu. Aber …

Entscheidung für II

Die Römer hatten einen leichten Vorteil erringen und die Hunnen bis in deren Wagenburg zurückdrängen können. Attila gelang jedoch die Flucht, und die Römer wollten oder konnten die Lage nicht ausnutzen. Später wurden die Hunnen aus Gallien vertrieben, und nach dem Tod ihres Königs zwei Jahre darauf war das Reich dem Untergang geweiht.

WACHDIENST (TEIL II)

Sie müssen die Zelte Ihrer Truppen gut bewachen lassen.

Weisen Sie jedem Zelt auf der Karte unten eine Wache zu. Die Zahlen am Rand geben an, wie viele bewachte Felder es in jeder Zeile und Spalte gibt. Es darf keine Wache auf einem Feld platziert werden, das an ein weiteres bewachtes Feld grenzt (auch nicht über Eck). Jedes Zelt muss von einer Wache in einem angrenzenden Feld beschützt werden (mit dem es eine Linie, aber keine Ecke teilt).

Können Sie die Wachen richtig postieren?

Vergessen Sie nicht, dass es keine römische Ziffer für die Zahl Null gibt.

LÖSUNG AUF SEITE 208

ZURÜCKSCHLAGEN!

Schlachtfeld 955 n. Chr.

Wir machen aus der Zeit Attilas einen Sprung von fast fünfhundert Jahren in eine Zeit, in der die Vorherrschaft in Europa weiterhin umkämpft ist. Die Magyarenstämme aus Ungarn fallen seit Ende des 8. Jahrhunderts in Westeuropa ein und flüchten mit ihrer Beute, bevor man sie in eine offene Feldschlacht verwickeln kann. Als die magyarischen Heerführer Bulcsú, Lehel und Sur jedoch 955 in Franken einfielen, hatten sie eine neue Strategie: Sie wollten bleiben und erobern. Sie müssen das Ostfränkische Reich vor der Gefahr retten und König Otto I. unterstützen, indem Sie eine Armee zur von Ungarn belagerten Stadt Augsburg führen.

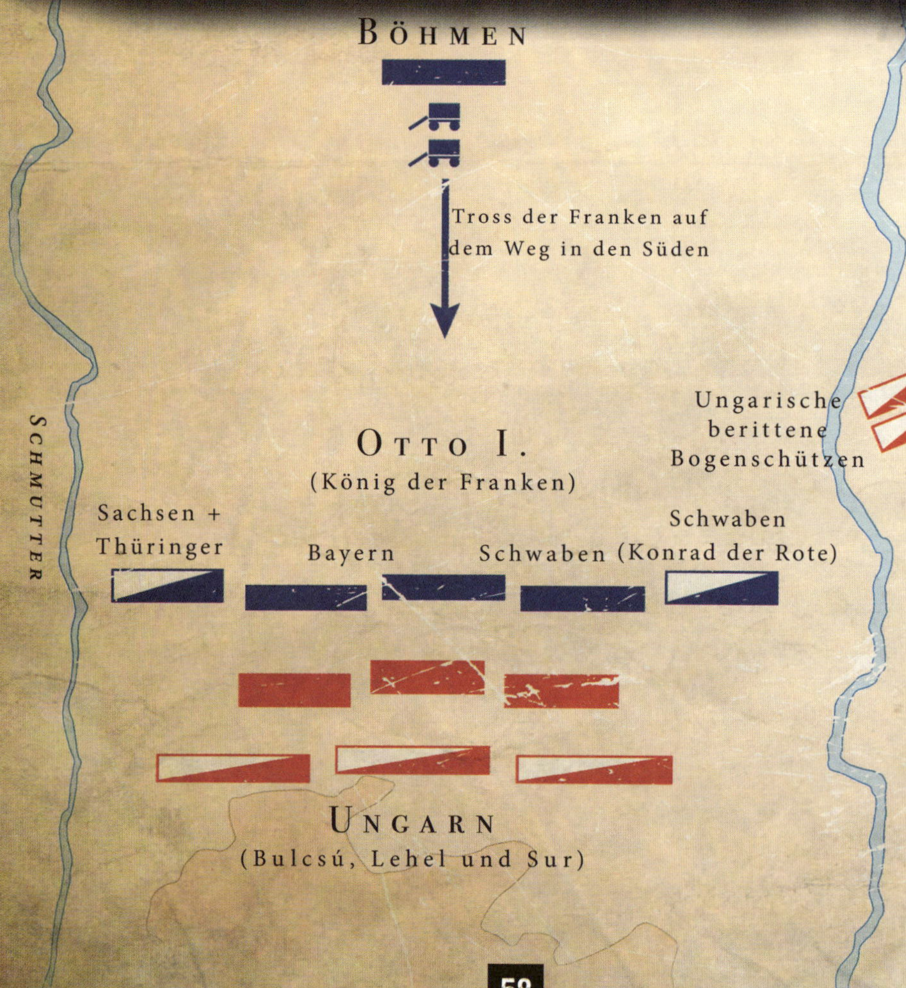

DAS SCHLACHTFELD

Während Ihre Armee nach Augsburg marschiert, greifen magyarische Reiter von hinten an und erobern den Tross! Konrad der Rote reitet mit seiner Kavallerie zurück und attackiert die Ungarn. Sie müssen sich den Belagerern auf einem schmalen, an den Seiten von Flüssen begrenzten Schlachtfeld stellen und sind in der Unterzahl.

VERFÜGBARE TRUPPEN

KÖNIG OTTOS ARMEE

8.000 Mann, darunter schwere Kavallerie unterstützt von Fusssoldaten und leichter Kavallerie.

Zudem steht Ihnen der fähige Heerführer Konrad der Rote zur Seite.

UNGARISCHE ARMEE

10.000 Mann, darunter ein grosses Kontingent schneller berittener Bogenschützen, einige Fusssoldaten und Belagerungsmaschinen.

STRATEGIE

Wie wollen Sie vorgehen?

I	II	III
Die Stellung halten!	Angreifen!	Zurück-weichen!

LÖSUNG UMSEITIG

LÖSUNG 955 N. CHR.

SCHLACHT AUF DEM LECHFELD

König Otto I. gewann die *Schlacht auf dem Lechfeld.* Die Plünderungswut der Magyaren war ihr Untergang. Konrad überraschte die berittenen Bogenschützen beim Ausrauben der Versorgungswagen und konnte sie problemlos vernichten.

In Augsburg erwartete die ungarischen Belagerer eine Überraschung: Sie glaubten, die berittenen Bogenschützen hätten Otto aufgehalten, nur um jetzt erstaunt mit ansehen zu müssen, wie seine Truppen aus dem Wald kamen. Die berittenen Bogenschützen der Ungarn konnten ihre Gegner nicht flankieren und wurden von Ottos besser gerüsteter schwerer Kavallerie zurückgetrieben.

Es war ein blutiger Kampf, aber auch ein eindeutiger Sieg für Otto. Die ungarischen Invasoren wurden vernichtet. Otto bekam hernach den Beinamen »der Große« und wurde 962 n. Chr. vom Papst zum römisch-deutschen Kaiser gekrönt.

ENTSCHEIDUNG FÜR II

GUT GEMACHT!

GENAU DAS HAT KÖNIG OTTO GETAN.

»Es braucht weniger Mut,
die Entscheidungen anderer
zu kritisieren, als zu seinen
eigenen zu stehen.«

– Attila

DENKEN SIE MIT!

Sie haben den Befehl über die ungarischen Truppen, die im Ostfränkischen Reich einfallen. Denken Sie logisch, und nutzen Sie alle Informationen, um den Einheitentyp (z. B. Ritter oder Bogenschützen), den Kommandanten und die Zahl der Feinde im Vergleich zu Ihrer Armee zu ermitteln.

1. Bischof Ulrich befehligt die feindliche *Bürgerwehr* und hat 500 Mann weniger als sein Verbündeter Herzog Boleslav I.
2. Sie schicken Hauptmann Sur und seine Truppen gegen die feindlichen *Bogenschützen*, die neben den *Rittern* aufgestellt sind.
3. Der feindliche Kommandant an der linken Flanke führt eine Armee aus *Rittern* an, während sein Verbündeter Herzog Burchard die Truppen neben ihm befehligt.
4. 1.200 *königliche Panzerreiter* des Feindes bilden die rechte Flanke. Ihre *leichte Kavallerie* wird vermutlich auf eine 1.400 Mann starke gegnerische Armee treffen.
5. Ihr Hauptmann Bulcsú tritt dem verhassten König Otto gegenüber, während Ihre *Belagerungsmaschinen* dem Hauptmann Zoltán unterstehen.
7. Ihre *berittenen Bogenschützen* unter Hauptman Lehel werden es mit der Armee Konrads des Roten zu tun bekommen.
8. Sie müssen Ihre *Infanterie* unter dem fähigen Hauptmann Taksony im Zentrum des Schlachtfelds postieren.
9. Der Feind verfügt über 1.300 *Ritter.*
10. Der gegnerische Herzog Boleslav I. wartet in der Mitte des Schlachtfelds, und Sie haben Ihre *schwere Kavallerie* so weit wie möglich von seiner Armee entfernt postiert.
11. Der Hauptmann, der neben Ihren *Belagerungsmaschinen* steht, führt seine Männer gegen 1.500 feindliche *Pikeniere.*
12. Bischof Ulrichs Armee steht nicht neben Konrad dem Roten.

FEINDLICHER KOMMANDANT					
EINHEITENART	 RITTER	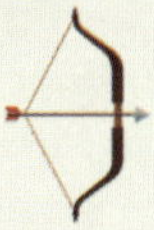 BOGENSCHÜTZEN	 PIKENIERE	 BÜRGERWEHR	 KÖNIGLICHE PANZERREITER
TRUPPEN-STÄRKE					
IHRE EINHEITENART	 BERITTENE BOGENSCHÜTZEN	 LEICHTE KAVALLERIE	 INFANTERIE	 BELAGERUNGS-MASCHINEN	 SCHWERE KAVALLERIE
IHR HAUPTMANN					

	LINKE FLANKE				RECHTE FLANKE
FEINDLICHER KOMMANDANT					
EINHEITENART					
TRUPPENSTÄRKE					
IHRE EINHEITENART					
IHR HAUPTMANN					

LÖSUNG AUF SEITE 209

IN DIE BERGE!

SCHLACHTFELD 1221 N. CHR.

Nur wenige Reiche konnten es je mit der Größe des Mongolischen Reichs aufnehmen. Unter Dschingis Khan erweiterten die wilden berittenen Krieger ihren Einfluss über mehrere Kontinente. Es wird Zeit, in Shigi-Qutugus Sattel zu steigen, der laut der Überlieferungen hochrangiger Richter und zudem Dschingis Khans Stiefbruder war! Sie führen eine Horde aus Reitern in den Hindukusch, um gegen eine von Sultan Dschalal ad-Din angeführte choresmische Armee zu kämpfen.

DAS SCHLACHTFELD

Ihre Armee trifft in einem schmalen Tal auf den Feind.

VERFÜGBARE TRUPPEN

MONGOLENARMEE

30.000 Reiter

CHORESMISCHE ARMEE

60.000 abgesessene Bogenschützen

STRATEGIE

Sie haben die wesentlich kleinere Streitmacht, aber eine Idee, wie Sie für Ausgleich sorgen können: Sie setzen Strohpuppen auf Reservepferde, um Ihre Armee grösser erscheinen zu lassen.

WAS PASSIERT ALS NÄCHSTES?

I

Die Choresmier werden besiegt und vernichtet.

II

Die feindlichen Bogenschützen halten die Stellung und bezwingen Ihre Reiter.

III

Sie erringen nach beiderseitigem blutigem Pfeilhagel einen Pyrrhussieg.

LÖSUNG UMSEITIG

LÖSUNG 1221 N. CHR.

SCHLACHT BEI PARWAN

Dies war die *Schlacht bei Parwan*, bei der die Mongolen erstmals einer gegnerischen Armee unterlagen.

ENTSCHEIDUNG FÜR II

DIE REITER KONNTEN IHRE BESSERE BEWEGLICHKEIT IM BERGIGEN GELÄNDE NICHT AUSNUTZEN. DIE ABGESESSENEN BOGENSCHÜTZEN DES FEINDES PROFITIERTEN EBENSO VON IHRER ÜBERMACHT WIE VON IHRER GRÖSSEREN PRÄZISION. ALS DIE MONGOLEN SCHLIESSLICH DIE FLUCHT ERGRIFFEN, STIEGEN DIE CHORESMIER AUF IHRE PFERDE UND VERFOLGTEN SIE. DIESE NIEDERLAGE ZOG ZAHLREICHE AUFSTÄNDE IN VON MONGOLEN GEHALTENEN SIEDLUNGEN NACH SICH. DSCHALAL AD-DINS SIEGESFREUDE HIELT JEDOCH NICHT LANGE AN, DA DSCHINGIS KHAN IHN VERFOLGTE UND IN DER *SCHLACHT AM INDUS* BESIEGTE.

NUR EIN TRAUM?

Der junge Kabtaut (eine Nachtwache) kniete aufgewühlt vor dem mächtigen Dschingis Khan.

»Sprich«, befahl der Khan.

»Herr, ich habe letzte Nacht von Erlik, dem Gott des Todes, geträumt. Er sagte, unsere Feinde kommen näher. Die Kara-Khitai werden unsere Grenzen noch vor Vollmond überschritten haben.«

Der mächtige Khan dachte über die Worte nach. Es war bekannt, dass der Mann schamanische Kräfte besaß und in die Zukunft sehen konnte.

Schließlich erwiderte der Herrscher der Mongolen: »Danke für die Prophezeiung, Kabtaut. Wir werden die nächtlichen Patrouillen verdoppeln.«

Dann wurde seine Miene jedoch ernst, und er verkündete: »Aber du und deine neun Waffenbrüder werdet bei Sonnenaufgang hingerichtet!«

Können Sie sich die brutale Entscheidung des Khans erklären?

LÖSUNG AUF SEITE 209

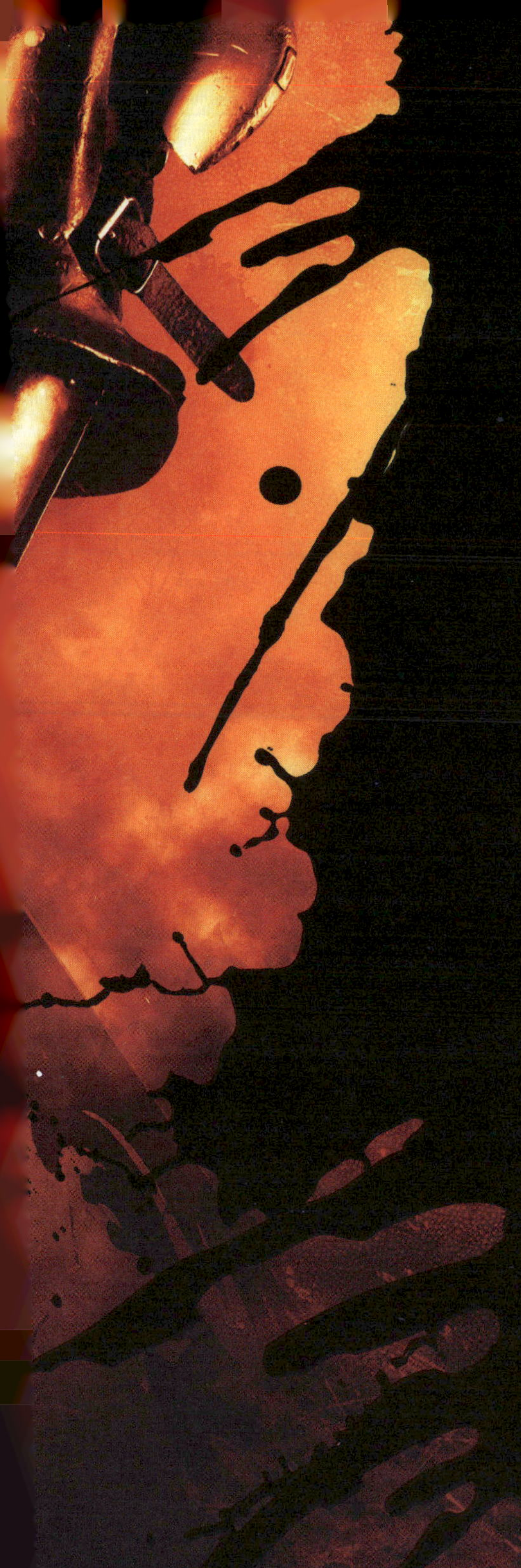

IV. AUFSTIEG DER KÖNIGREICHE

Das Römische Reich mochte zersplittert und verblasst sein, doch in ganz Europa machte sich sein Erbe bemerkbar. Der von Kaiser Konstantin übernommene christliche Glaube wurde zur vorherrschenden Religion auf dem Kontinent und verlieh den Herrschern göttliche Legitimation. Obwohl die neuen Königreiche alle an ein friedliches Jenseits glaubten, glich die Gegenwart weiterhin einem Schlachtfeld.

Im siebten Jahrhundert entstand in Arabien ein neuer Glaube, und sein Begründer Mohammed war ein angesehener General. Wie das Christentum war auch der Islam nicht immun gegen innere Konflikte, doch seine Macht, Nationen zu einen und Königreiche entstehen zu lassen, erwies sich als ebenso effektiv wie die seines westlichen Rivalen.

Es war unausweichlich, dass es zwischen diesen beiden Glaubensrichtungen eines Tages zum Konflikt kommen würde, und die mittelalterliche Welt fand heraus, dass es nichts Profaneres als einen »heiligen« Krieg gab.

DIE BELAGERUNG DURCHBRECHEN

Schlachtfeld 1187 n. Chr.

Sie reisen nun ins Heilige Land und marschieren mit den französischen Armeen unter Guido von Lusignan, dem König von Jerusalem. Der aufstrebende Salah ad-Din (im Westen als Saladin bekannt) belagert die Stadt Tiberias. Sie müssen etwas unternehmen. Ihre Armeen verlassen das Lager bei Sepphoris, um die Stadt unverzüglich zu befreien!

DAS SCHLACHTFELD

Sie befinden sich in der Wüste – einem Glutofen, in dem Sie in Ihrer Rüstung eingehen, wenn Sie nicht bald eine Oase erreichen. Eine solche Wasserquelle liegt an Ihrem Zielort.

> »Wer beim Angriff Feuer zu Hilfe nimmt, zeigt Intelligenz. Wer beim Angriff Wasser zu Hilfe nimmt, gewinnt zusätzlich Kraft.«
>
> – Sun Tsu

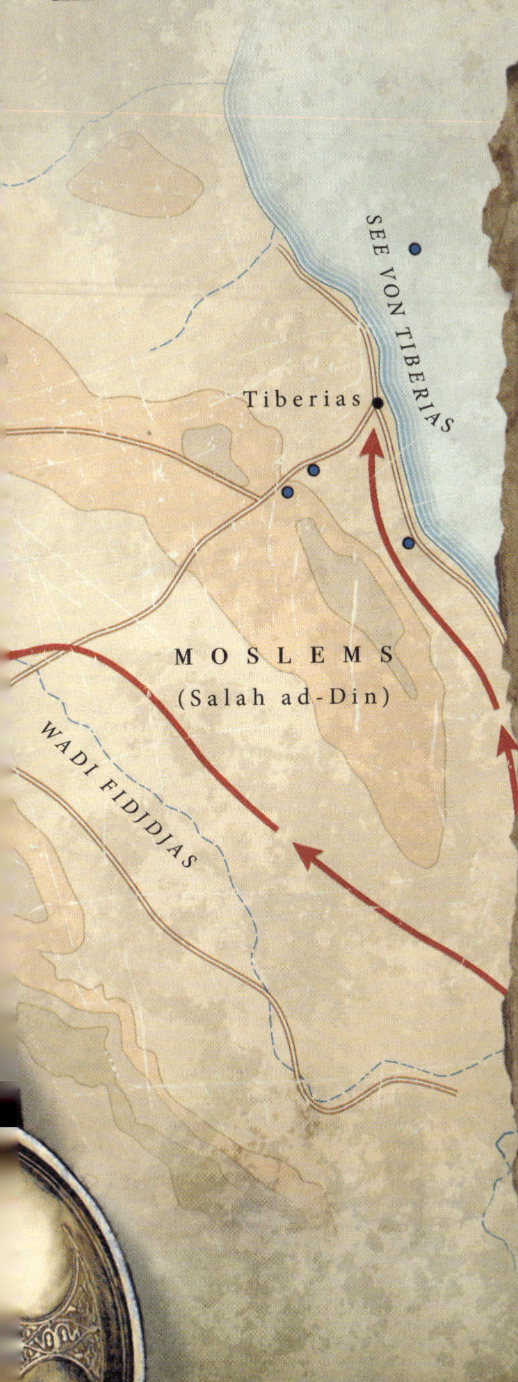

Verfügbare Truppen

Französische Armee

20.000 Mann (darunter 3.000 gut ausgebildete berittene Krieger, 1.200 Ritter und 15.000 Fusssoldaten). Ihnen unterstehen zudem die Malteser- und Tempelritter sowie deren Grossmeister.

Salah ad-Dins Armee

Weniger als 30.000 Mann (fast die Hälfte sind gewöhnliche Reiter).

Strategie

Salah ad-Din ist ein brillanter Stratege und Taktiker. Sie dürfen ihn nicht unterschätzen. Aber Sie haben eine heilige Reliquie – Kreuzpartikel –, die Ihnen gegen die Heiden gewiss Gottes Gunst beschert. Wie gehen Sie am besten vor?

I

Kehren Sie zu Ihrer Basis in Sepphoris zurück.

II

Schlagen Sie ein Lager auf, und befestigen Sie es.

III

Marschieren Sie Richtung Tiberias.

Lösung umseitig

LÖSUNG 1187 N. CHR.

Schlacht von Hattin

Die *Schlacht von Hattin* war ein entscheidender Sieg für Salah ad-Din, einen hervorragenden Taktiker, Strategen und Staatsmann. Er hatte Tiberias nur belagert, um die Kreuzfahrer aus Sepphoris herauszulocken, und kontrollierte seit dem Augenblick, in dem Guido von Lusignan die Stadt verließ, das Geschehen.

Entscheidung für I

Aufgrund der Überzahl der Feinde, deren besserer Kenntnis des Geländes und überfallartiger Kampftaktik – sowie des Wassermangels – hatten die Europäer gegen Salah ad-Din nie eine Chance und wären besser zu Hause geblieben.

KRÄFTEGLEICHGEWICHT IV

Sie müssen die feindlichen Truppen wieder einmal in Schach halten, während Sie auf Verstärkung warten. So langsam kennen Sie das ja schon!

VERFÜGBARE TRUPPEN

Ihre Einheiten bestehen aus Fußsoldaten und Bogenschützen, die des Feindes aus Rittern. Wir gehen davon aus, dass Ihre Einheiten ebenso gut sind wie die des Gegners und dass es nur auf die Zahl und Art der Einheiten ankommt.

FUSSSOLDATEN **BOGENSCHÜTZEN** **RITTER**

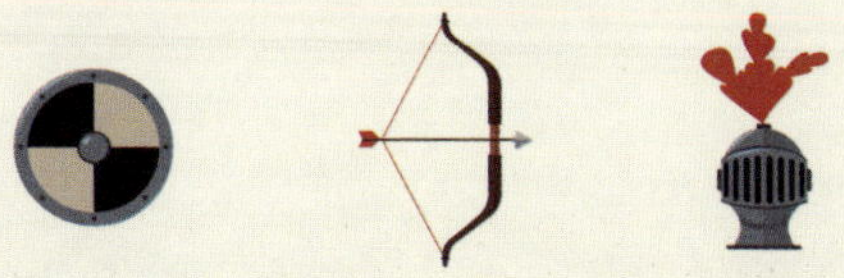

DAS SCHLACHTFELD

Die folgenden Einheiten gleichen einander aus und sorgen für eine Pattsituation.

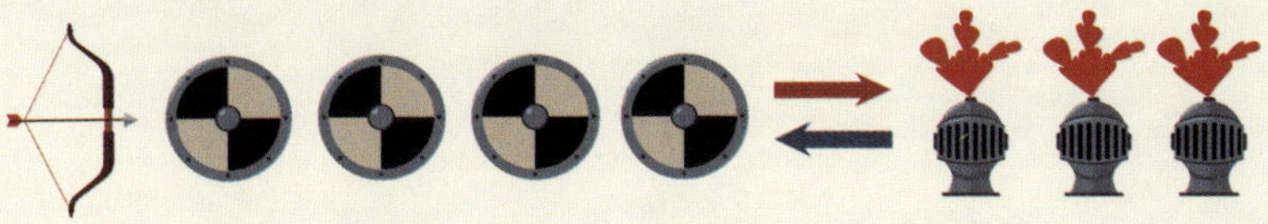

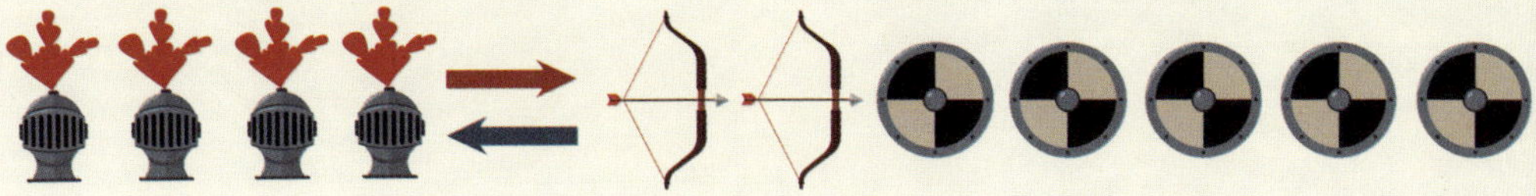

STRATEGIE

Einer Ihrer Fußsoldaten stellt sich zwei feindlichen Rittern.
Wie viele Bogenschützen müssen Sie losschicken?

LÖSUNG AUF SEITE 210

GEGEN DIE GESETZLOSEN!

Schlachtfeld 1314 n. Chr.

Willkommen in Schottland! Dummerweise sind Sie aber gar nicht willkommen, da Sie den Befehl über eine englische Armee haben, die im Dienste von König Eduard II. steht. Sie sind nicht hier, um Freunde zu finden, sondern sollen die rebellische Armee von König Robert the Bruce vernichten!

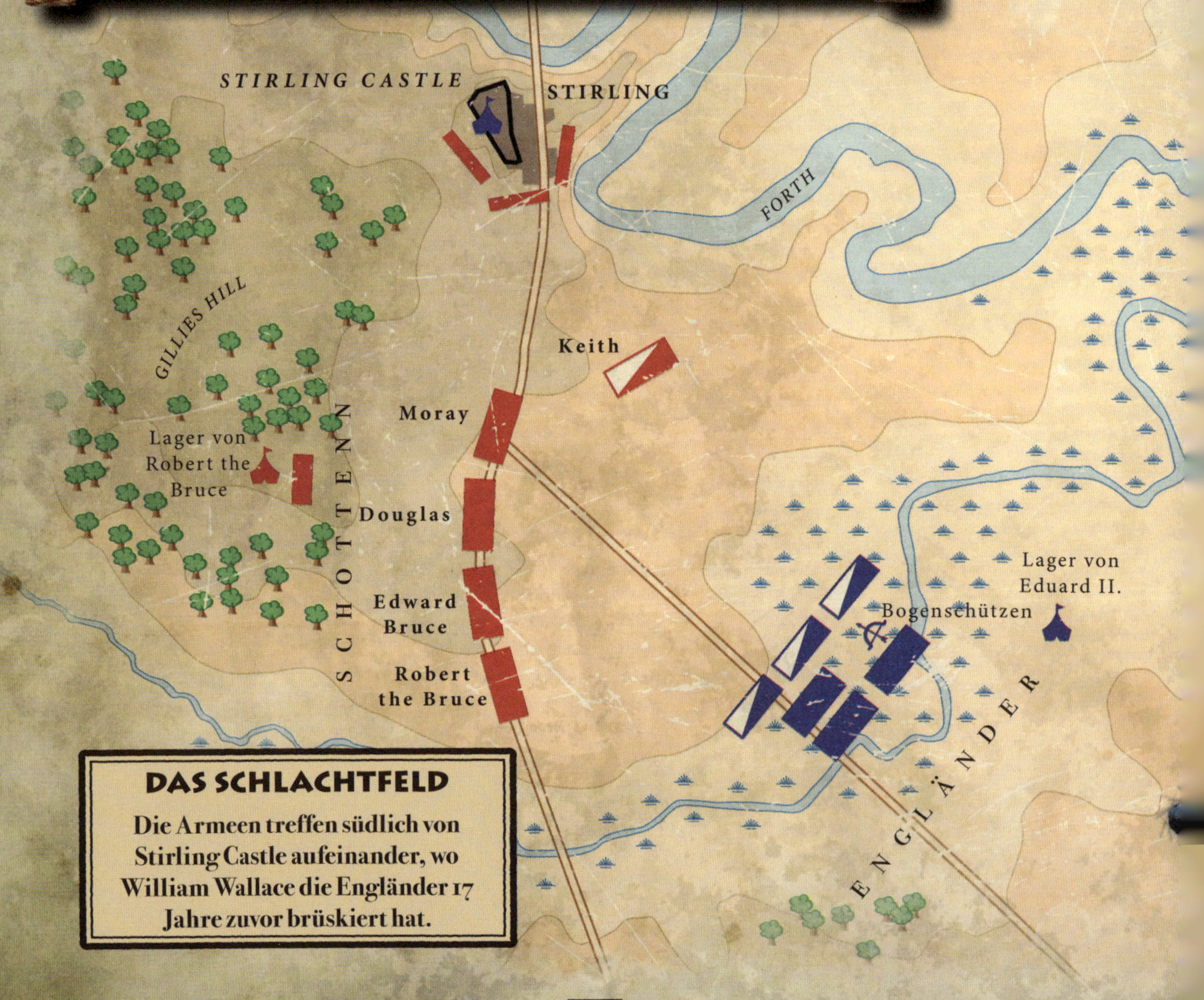

DAS SCHLACHTFELD

Die Armeen treffen südlich von Stirling Castle aufeinander, wo William Wallace die Engländer 17 Jahre zuvor brüskiert hat.

> »Es liegt in unserer Hand, uns vor einer Niederlage zu schützen, doch die Gelegenheit, den Feind zu schlagen, gibt uns der Gegner selbst.«
>
> – Sun Tsu

Verfügbare Truppen

Englische Armee

Fast **18.000** Mann (darunter **700** schwer gerüstete Reiter)

Schottische Armee

6.000 Mann (hauptsächlich zu Fuss) mit den unterschiedlichsten Waffen, darunter auch Speere, um Ihre Ritter zurückzudrängen. Nur **500** Bogenschützen.

Strategie

Sie sind seit einem Jahr in diesem Land, und der ständige Regen hat das Feuer der Rebellion nicht löschen können. Nun wollen Sie den Rebellen mit Ihrer grösseren Armee eine Lektion erteilen.

Welcher der folgenden Punkte wird den Lauf der Schlacht am stärksten beeinflussen?

I
Das schottische Gelände

II
Die walisischen Bogenschützen

III
Die griechische Taktik

IV
Der Glauben

Lösung umseitig

LÖSUNG 1314 N. CHR.

Schlacht von Bannockburn

Dies war die größte Schlacht in der Geschichte Schottlands. Sie dauerte zwei Tage, und die Schotten trugen den Sieg davon.

Entscheidung für I

Sie hatten recht. Die Schotten wählten sumpfiges Gebiet für den Kampf gegen die englischen Ritter.

Entscheidung für II

Bogenschützen haben diese Schlacht nicht entschieden. englische und Waliser Langbogenschützen wurden sogar des »Eigenbeschusses« bezichtigt und mussten das Feuer einstellen.

Entscheidung für III

Die Schotten setzten den Schiltron ein, einen Schildwall von Pikenieren (ähnlichr der griechischen Phalanx), der gegen die Pferde der Engländer eine verheerende Wirkung hatte.

Entscheidung für IV

Zwar hielten die schottischen Pikeniere am zweiten Tag der Schlacht auf einmal inne und knieten sich zum Gebet hin – zum Erstaunen der Engländer –, doch es ist nicht allgemein anerkannt, dass ihr überragender Eifer entscheidend zu ihrem Sieg beigetragen hat.

LOGISTIK

Saladin war ein hervorragender Stratege und nutzte das Gelände, das er so gut kannte, zu seinem Vorteil. Die vereinfachte Karte unten ist in fünf Regionen unterteilt. Können Sie die folgenden wichtigen Aspekte so verteilen, dass sich jeweils einer in jeder farbig abgehobenen Region, Zeile und Spalte befindet?

OASE **LAGER** **WACHEN** **NACHSCHUB** **ANFÜHRER**

LÖSUNG AUF SEITE 210

VERTEIDIGUNG DES HEIMATLANDES

Schlachtfeld 1346 n. Chr.

Während der vergangenen neun Jahre tobte der Krieg zwischen England und Frankreich oder vielmehr zwischen den Häusern Plantagenêt und Valois, die beide den französischen Thron für sich beanspruchten. Sie kämpfen für König Philipp VI. von Frankreich. Die englischen Invasoren unter König Eduard III. sind vor Kurzem in der Normandie gelandet und haben u. a. die Stadt Caen eingenommen und geplündert. Philipp hat rasch ein Heer ausgehoben, um Ihr Heimatland zu verteidigen.

DAS SCHLACHTFELD

Der Feind hat sich in seinem Lager verschanzt. Es regnet stark, scheint jedoch aufzuklaren – ist das ein Omen?

> »Deshalb veranlassen begabte Krieger die anderen, auf sie zuzukommen, und gehen nicht von sich aus auf andere zu.«
>
> – Sun Tsu

Verfügbare Truppen

Französische Armee

30.000 Mann, darunter 12.000 Ritter (gerüstete Kavallerie) und 6.000 genuesische Armbrustschützen (Söldner mit furchterregendem Ruf) sowie Infanterieunterstützung.

Englische Armee

15.000 Mann, darunter 2.500 Soldaten, 4.000 Speerkämpfer, 3.000 Hobelars (leichte Kavallerie) und 5.000 Langbogenschützen. Zudem verfügen sie über 5 Ribauldequins (kleinkalibrige Salvengeschütze).

Strategie

Wie lauten Ihre Befehle?

I

Ausruhen.

II

Schnell angreifen.

III

Rückzug!

LÖSUNG UMSEITIG

LÖSUNG 1346 N. CHR.

Schlacht bei Crécy

Die *Schlacht bei Crécy* stellte den ersten von drei Siegen der Engländer im sogenannten Hundertjährigen Krieg dar. Nachdem sie in Bannockburn eine schmerzhafte Lektion gelernt hatten, wussten die Engländer nun, dass das moderne Schlachtfeld nicht dem edlen Ritter, sondern dem armen Infanteristen gehört.

Entscheidung für I

Nach dem Gewaltmarsch waren Ihre Truppen erschöpft, und Sie hätten sich Zeit zum Ausruhen und Planen nehmen sollen, vor allem, da Sie sich auf heimatlichem Boden befinden und der Feind sich verschanzt hat.

Entscheidung für II

Philipp ordnete einen unüberlegten Angriff an und schickte seine Armbrustschützen in einen Schusswechsel mit den englischen Langbogenschützen – was sich als grosser Fehler erwies, da die Langbogenschützen in fast jeder Hinsicht überlegen waren und die Armbrustsehnen durch den Regen gedehnt waren, während die Engländer ihre Bogen erst kurz vor dem Gebrauch bespannten. Die französischen Ritter kamen als Nächstes und wurden mehrmals zurückgeschlagen. König Philipp kämpfte tapfer, doch seine Hitzköpfigkeit kostete ihn den Sieg und das Leben von mehreren Tausend Mann.

»Wenn wir zahlenmässig leicht unterlegen sind, halten wir uns fern vom Feind.

Wenn wir ihm in keiner Hinsicht gewachsen sind, fliehen wir, wenn es geht.«

– **Sun Tsu**

KAMPF UM DEN THRON – DIE ROSENKRIEGE

DIE GESCHICHTE

Zwischen 1455 und 1485 tobte in England ein Bürgerkrieg. Das Haus Lancaster (»rote Rose«) und das Haus York (»weiße Rose«) kämpften in mehreren blutigen Schlachten um den Thron.

DIE HERAUSFORDERUNG

Können Sie anhand der zur Verfügung stehenden Informationen herausfinden, wer bei welcher Schlacht und in welchem Jahr gegen wen gekämpft hat? Von den vier aufgeführten Schlachten hat Haus York drei gewonnen – sind Sie in der Lage, den Sieg von Haus Lancaster zu bestimmen?

SCHLACHTEN: *Blore Heath, Mortimer's Cross, Tewkesbury, Wakefield*

YORK-KOMMANDANTEN: Eduard IV., Eduard of York, Richard Neville, Richard of York

LANCASTER-KOMMANDANTEN: Edmund Beaufort, Henry Beaufort, James Tuchet, Owen Tudor

INFORMATIONEN:

1. James Tuchet schlug eine bedeutende Schlacht gegen Richard Neville, aber nicht 1461.
2. Die *Schlacht bei Mortimer's Cross* fand zwischen zwei anderen Schlachten von dieser Liste statt; bei einer kämpfte Henry Beaufort, bei der anderen Eduard IV.
3. Die von Edmund Beaufort bestrittene *Schlacht von Tewkesbury* fand zu einem späteren Zeitpunkt statt als die Schlacht seines Verbündeten Owen Tudor. Tewkesbury war eine Niederlage für Haus Lancaster.
4. Die *Schlacht von Blore Heath* fand entweder direkt vor oder direkt nach der Schlacht statt, bei der Richard of York die York-Armee anführte.
5. Die *Schlacht von Wakefield* fand 1460 statt.
6. Eduard of York und Eduard IV. sind ein und dieselbe Person. Er wurde nach dem Sieg in einer dieser vier Schlachten zu Eduard IV. gekrönt.
7. Haus Lancaster verlor die Schlacht, die 1471 stattfand.

	1459	1460	1461	1471
SCHLACHT				
YORK				
LANCASTER				

LÖSUNG AUF SEITE 211

DIE SEITE WÄHLEN!

Schlachtfeld 1485 n. Chr.

In England toben die Rosenkriege weiter, nur die Teilnehmer an diesem blutigen Spiel ändern sich. Die direkte Abstammungslinie des Hauses Lancaster ist durchbrochen, und durch Betrug und möglicherweise Mord ist Richard III. aus dem Hause York auf den Thron gelangt. Die rote Rose der Lancasters wurde von den Tudors unter Heinrich, Earl of Richmond, aufgenommen, der sich auf die Unterstützung Frankreichs verlassen kann. Sie sind Thomas Stanley, ein englischer Baron, und haben sich noch für keine Seite entschieden, obwohl beide auf Ihre Treue zählen.

DAS SCHLACHTFELD

Die Armeen der verfeindeten Häuser treffen in einer offenen Feldschlacht aufeinander – die den Krieg ein für alle Mal entscheiden könnte.

»WER NICHT PLANEND VORAUSDENKT, UND WER SEINE GEGNER ZU LEICHT NIMMT, WIRD GEWISS VON IHNEN GEFANGEN.«

– SUN TSU

VERFÜGBARE TRUPPEN

THOMAS STANLEYS ARMEE
6.000 MANN

HENRY TUDORS LANCASTER-ARMEE
8.000 MANN

YORK-ARMEE VON RICHARD III.
12.000 MANN

WEN WERDEN SIE UNTERSTÜTZEN?

I

SIE STELLEN SICH HINTER DIE WEISSE ROSE VON YORK.

II

SIE ERGREIFEN PARTEI FÜR DIE ROTE ROSE VON LANCASTER.

III

SIE ZIEHEN SICH AUS DER SCHLACHT ZURÜCK.

LÖSUNG UMSEITIG

LÖSUNG 1485 N. CHR.

Schlacht von Bosworth

Nach dreißigjährigem Konflikt wurden die Rosenkriege endlich bei der *Schlacht von Bosworth* entschieden. Der Kampf dauerte zermürbende zwei Stunden, und es kam nur zu geringen Verlusten, zu denen jedoch auch Richard III. gehörte.

Entscheidung für **II**

Haben Sie die rote Rose unterstützt? Sollten Sie sich (wie Stanley) für diese Option entschieden haben, hätten Sie dafür gesorgt, dass die Tudors an jenem Tag den Sieg davontrugen. Heinrich Tudor – er wurde nach diesem Sieg zu Heinrich VII. gekrönt – war so dankbar, dass er Sie zum Earl of Derby ernannte und Sie als Lord High Constable von England bestätigte. Nicht schlecht für zwei Stunden Arbeit!

KEIN WITZ

Will Sommers war Narr am Hofe von König Heinrich VIII. von England. Eines Tages ersann Will ein Rätsel, um Seine Majestät aufzuheitern, da dem König sein kompliziertes Liebesleben und das Problem mit den Franzosen zu schaffen machten.

»Ich habe fünf Finger, die Euch zu den Waffen greifen lassen, selbst wenn ich zu Euren Füssen liege. Dabei besitze ich weder Herz noch Hirn.«

»Dein Versmass ist schaurig«, sagte der König. »Und wovon redest du da eigentlich?«

Ja, was hat Will gemeint?

LÖSUNG AUF SEITE 211

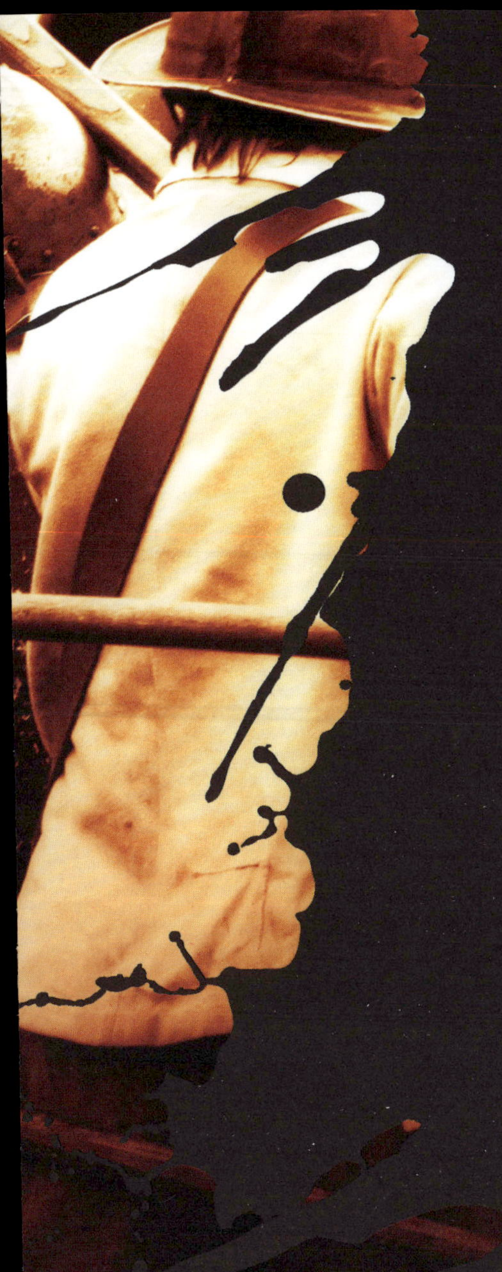

V.
REVOLUTION!

Im Mittelalter erwarteten ehrgeizige Monarchen, dass ihre Untertanen kämpften und ihr Leben ließen, um das Reich zu vergrößern oder zu verteidigen. Wurden diese Könige oder Königinnen jedoch gekrönt, erklärten sie, von Gott dazu berufen zu sein, und ignorierten den Willen des gemeinen Volkes.

Aber 1517 sorgte Martin Luther dafür, dass das »Gottesgnadentum« ins Wanken geriet, als er die Autorität der römisch-katholischen Kirche formell herausforderte. Die darauffolgende Reformation teilte Europa in katholische und protestantische Gebiete und ermutigte die Menschen dazu, die Unfehlbarkeit infrage zu stellen. Schon bald wurde ihnen bewusst, dass jeder Mensch blutet, ob er nun rotes oder blaues Blut besitzt.

Das Zeitalter der Vernunft mit neuen Ideen, neuen

DIE BELAGERUNG BRECHEN

SCHLACHTFELD 1642

König Karl I. von England war beim Parlament aufgrund seiner offenkundigen Sympathien für den Katholizismus nicht gerade beliebt. Als er dessen Unterstützung nicht bekam, löste er es einfach auf – nur um es kurz darauf neu einzusetzen, als er Steuern erheben wollte. Schon bald teilte sich die Nation in zwei zerstrittene Lager: Die parlamentarischen »Roundheads« und die royalistischen »Cavaliers«. Sie gehören den Royalisten an, die sich nach der Flucht des Königs aus London unter dem bei Nottingham aufgepflanzten königlichen Banner versammeln. Es muss etwas geschehen, daher hat der König eine gewaltige Armee ausgehoben und marschiert gen London. Der Englische Bürgerkrieg hat begonnen!

DAS SCHLACHTFELD

Das Glück ist Ihnen hold – Sie unterstehen dem Befehl des Königs und des erfahrenen Prinzen Ruprecht von der Pfalz. Mit gewohnter Effektivität greift Ruprechts Elitekavallerie die linke Flanke des Feindes an und vernichtet eine ganze Brigade berittener Parlamentarier!

VERFÜGBARE TRUPPEN

CAVALIER-ARMEE
15.000 Mann (darunter 3.000 Reiter und 1.000 Dragoner)

ROUNDHEAD-ARMEE
15.000 Mann (darunter 2.000 Reiter und 700 Dragoner)

STRATEGIE
Wie können Sie diese Situation zu Ihrem Vorteil nutzen?

WAS SOLLEN SIE TUN?

I
Verfolgen Sie die fliehenden Roundheads, damit sie sich nicht neu sammeln können.

II
Lassen Sie die Feiglinge entkommen, und schliessen Sie sich der Hauptstreitmacht an.

III
Ruhen Sie sich aus, und formieren Sie sich neu.

»Wenn unsere Truppen dem Feind zahlenmässig unterlegen sind, so heisst das nicht, dass ein Sieg nicht möglich ist; es bedeutet nur, dass kein direkter Angriff möglich ist. Was wir dann tun können, ist, unsere ganze verfügbare Kraft zu konzentrieren, den Gegner richtig einzuschätzen und Verbündete zu gewinnen oder auf Verstärkung zu warten.«
– Sun Tsu

LÖSUNG UMSEITIG

LÖSUNG 1642

SCHLACHT BEI EDGEHILL

Dies war die *Schlacht bei Edgehill*. Prinz Ruprechts Ungestüm war gleichzeitig ein Fluch und ein Segen.

ENTSCHEIDUNG FÜR I

RUPRECHT BESCHLOSS, DEN BESIEGTEN FEIND ZU VERFOLGEN UND DESSEN VERSORGUNGSTRUPP IN KINETON ANZUGREIFEN. DER KAMPF ENDETE OHNE EINDEUTIGEN SIEGER, UND DIE ROYALISTEN KONNTEN NICHT AN BODEN GEWINNEN.

ENTSCHEIDUNG FÜR II

SIE HABEN IHM GERATEN, SICH DER HAUPTSTREITMACHT ANZUSCHLIESSEN, WAS DEN AUSGANG DER SCHLACHT VERMUTLICH ENTSCHEIDEND BEEINFLUSST HÄTTE – GENAU WERDEN SIE ES JEDOCH NIE ERFAHREN.

KRÄFTEGLEICHGEWICHT V

Ein weiteres Mal müssen Sie den Feind in Schach halten, während Sie auf Verstärkung warten.

VERFÜGBARE TRUPPEN

Ihre Einheiten bestehen aus Musketieren und Pikenieren, die des Feindes aus Reitern. Wir gehen davon aus, dass Ihre Einheiten ebenso gut sind wie die des Gegners und dass es nur auf die Zahl und Art der Einheiten ankommt.

MUSKETIER | **PIKENIER** | **KAVALLERIE**

DAS SCHLACHTFELD

Die folgenden Einheiten gleichen einander aus und sorgen für eine Pattsituation.

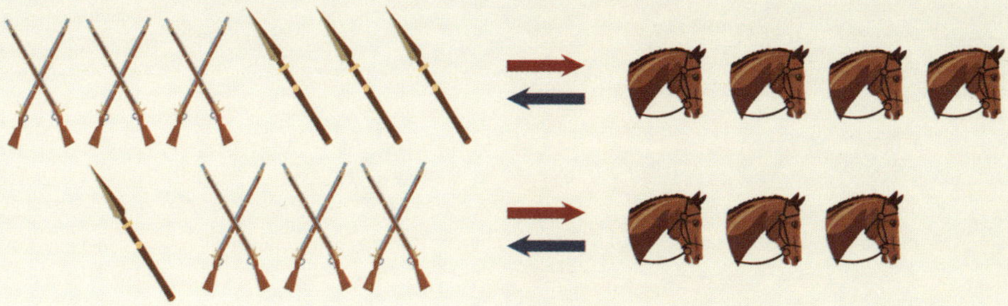

STRATEGIE

Ihre Reihe aus fünf Pikenieren steht einer feindlichen Schwadron aus fünf Reitern gegenüber. Wie viele Musketiere müssen Sie mindestens losschicken, um ein Patt zu erzielen?

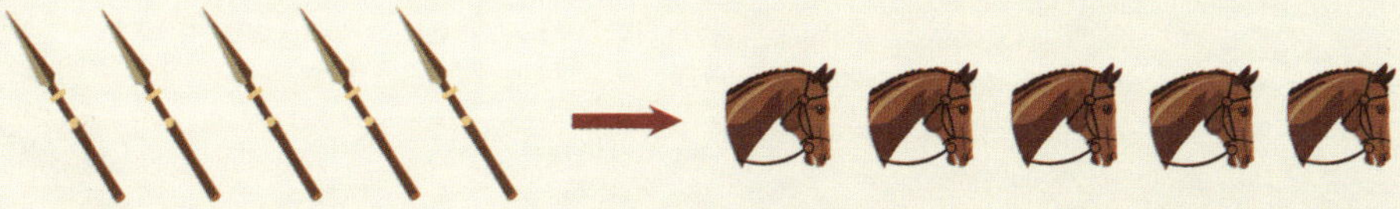

LÖSUNG AUF SEITE 212

EIN ANSTRENGENDER KAMPF

SCHLACHTFELD 1775

In den 1760er-Jahren waren die dreizehn britischen Kolonien in Nordamerika unzufrieden – sie wurden im englischen Parlament nicht vertreten, mussten der Krone aber dennoch Steuern zahlen. Als sie schließlich offen rebellierten, schickten die Briten Truppen zur Befriedung der Kolonialmilizen. Damit gossen sie jedoch nur Öl ins Feuer, und kurz darauf eskalierte der Konflikt zum totalen Krieg. Sie stehen aufseiten der Briten. Ihre Armee ist auf der Charlestown-Halbinsel stationiert, und Ihnen gehen die Vorräte aus. Sie müssen die Kontrolle über das Umland und den Hafen von Boston übernehmen.

DAS SCHLACHTFELD

Die Kolonisten errichten rings um die Hügel Befestigungen, und Sie versuchen, sie durch Beschuss vom Meer aus daran zu hindern. Damit können Sie nur einen Teilerfolg erzielen, und es wird Zeit, die berühmten Rotröcke in die Schlacht zu schicken.

VERFÜGBARE TRUPPEN

BRITISCHE ARMEE
2.000 Rotröcke

KONTINENTALARMEEE
1.000 Milizen

STRATEGIE

Ihre Truppen sind besser ausgebildet als die feindlichen Milizen. Zudem geht den Rebellen die Munition aus. Dennoch haben sie sich verschanzt und sind entschlossen. Ihr Kommandant Colonel William Prescott hat geschworen, »bis an die Tore der Hölle zu kämpfen«.

WIE WIRD DIE SCHLACHT FÜR IHRE SEITE AUSGEHEN?

I
Mit einem deutlichen Sieg

II
Mit einem Pyrrhussieg

III
Mit einem Patt

IV
Mit einer peinlichen Niederlage

LÖSUNG UMSEITIG

LÖSUNG 1775

SCHLACHT VON BUNKER HILL

Dies war die *Schlacht von Bunker Hill*. Die Briten haben den Hügel dreimal angegriffen und hatten erst beim letzten Versuch Erfolg, als den Rebellen die Munition ausging. Obwohl Sie Ihr Ziel erreicht haben, war der Preis dafür hoch: Sie hatten Verluste von über 1.000 Mann zu beklagen, Ihr Gegner von beinahe 500 Mann.

ENTSCHEIDUNG FÜR II

IHR SIEG LÄSST SICH NUR ALS PYRRHUSSIEG BESCHREIBEN, DA DER STRATEGISCHE VERLUST DES HÜGELS MIT EINEM DEUTLICHEN AUFSCHWUNG DER MORAL AUFSEITEN DER KONTINENTALARMEE EINHERGING.

WACHDIENST (TEIL III)

WIEDER EINMAL MÜSSEN SIE DAFÜR SORGEN, DASS DIE ZELTE IHRER TRUPPEN GUT BEWACHT WERDEN.

Weisen Sie jedem Zelt auf der Karte unten eine Wache zu. Die Zahlen am Rand geben an, wie viele bewachte Felder es in jeder Zeile und Spalte gibt. Vergessen Sie nicht, dass es keine römische Ziffer für die Zahl Null gibt. Es darf keine Wache auf einem Feld platziert werden, das an ein weiteres bewachtes Feld grenzt (auch nicht über Eck). Jedes Zelt muss von einer Wache in einem angrenzenden Feld beschützt werden (mit dem es eine Linie, aber keine Ecke teilt).

LÖSUNG AUF SEITE 213

AUF DER SUCHE NACH ZUFLUCHT

SCHLACHTFELD 1776

Nun schließen Sie sich der amerikanischen Kontinentalarmee an, die vor Kurzem bei der *Schlacht von White Plains* eine Niederlage gegen die Briten hinnehmen musste und sich momentan in einer Befestigung neu formiert.

VERFÜGBARE TRUPPEN

KONTINENTALARMEE

3.000 MANN UNTER GEORGE WASHINGTON

BRITISCHE ARMEE

8.000 MANN (DARUNTER ALLIIERTE HESSEN, IN DEUTSCHLAND EINGEZOGENE HILFSTRUPPEN) UNTER GENERAL WILLIAM HOWE

STRATEGIE

DAS FORT WIRD VON COLONEL ROBERT MAGAW GELEITET, DER ERKLÄRT HAT, BIS ZUM LETZTEN ATEMZUG KÄMPFEN ZU WOLLEN. DOCH WILLIAM DEMONT, EINER SEINER OFFIZIERE, IST ZU DEN BRITEN ÜBERGELAUFEN. DIE BRITEN GREIFEN VON NORDEN, SÜDEN UND OSTEN AN.

WIE WIRD DIE SCHLACHT IHRER MEINUNG NACH AUSGEHEN?

I

MIT EINEM PATT UND OHNE STRATEGISCHE VERÄNDERUNG AUF BEIDEN SEITEN

II

MIT EINEM DEUTLICHEN SIEG DER KOLONISTEN

III

MIT EINER WEITEREN VERHEERENDEN NIEDERLAGE FÜR DIE KOLONISTEN

»Disziplin ist die Seele einer Armee. Sie macht kleine Trupps beeindruckend, sichert Schwachen Erfolg und allen Anerkennung.«

– George Washington

Das Schlachtfeld

Ihre Männer verteidigen die letzte gut befestigte Stellung auf der Insel Manhattan.

Lösung umseitig

LÖSUNG 1776

SCHLACHT VON FORT WASHINGTON

Die *Schlacht von Fort Washington* war noch nicht das Schlüsselereignis, das Washington zum Helden des Revolutionskrieges machte.

ENTSCHEIDUNG FÜR III

DIE BRITEN WAREN SIEGREICH, DIE GARNISON DES FORTS WURDE GEFANGEN GENOMMEN, UND WASHINGTON MUSSTE WIEDER EINMAL FLIEHEN. DARAUFHIN GELANG ES DEN BRITEN, AUCH NEW YORK ZURÜCKZUEROBERN. DEMONTS VERRAT SPIELTE BEI DIESER SCHLACHT EINE ENTSCHEIDENDE ROLLE, DA ER HOWE MIT GENAUEN INFORMATIONEN ÜBER DIE VERTEIDIGUNG DES FORTS HATTE VERSORGEN KÖNNEN.

FREIHEIT!

Amerika hat den Unabhängigkeitskrieg gegen das britische Empire nach mehr als acht Kriegsjahren gewonnen. Hier geht es um vier Schlachten, bei denen die Kolonisten den Sieg erringen konnten.

Finden Sie heraus, in welchem Jahr jede Schlacht geschlagen wurde, wo sie stattfand und welcher General siegreich war?

DIE INFORMATIONEN

1. Die *Schlacht von Lindley's Mill* fand in North Carolina statt, und zwar nicht im Jahr 1779.
2. William Moultrie führte seine Armee zum Sieg, nachdem er in Pennsylvania eine Schlacht geschlagen hatte, und zwar ein Jahr vor der *Schlacht von Springfield.*
3. Die *Schlacht von Beaufort* war nicht das erste der vier Gefechte, und sie fand nicht in New Jersey statt.
4. Nathanael Greene gewann 1780 seine Schlacht.
5. Der Sieger der *Schlacht von White Marsh* hieß nicht John Butler.

	1777	1779	1780	1781
SCHLACHT				
ORT				
KOMMANDANTEN				

SCHLACHTEN: *Springfield, Beaufort, White Marsh, Lindley's Mill*

ORTE: North Carolina, South Carolina, New Jersey, Pennsylvania

KOMMANDANTEN: George Washington, John Butler, William Moultrie, Nathanael Greene

LÖSUNG AUF SEITE 212

VIVE LA REVOLUTION

SCHLACHTFELD 1792

Das Königreich Frankreich war bankrott, nachdem es Amerika im Unabhängigkeitskrieg beigestanden hatte, und erlebte ebenfalls eine Revolution. Die umliegenden Reiche wollten jedoch verhindern, dass sich der revolutionäre Eifer auf sie ausbreitete, griffen zu den Waffen und marschierten in Frankreich ein. Heute stehen Sie den tapferen Franzosen bei, die sich der vereinten Macht Preußens, Kräften des Heiligen Römischen Reiches und der royalistischen *Armée de Condé* erwehren müssen, die gen Paris marschieren!

DAS SCHLACHTFELD

Ein Dorf auf dem Weg nach Paris.

»Das Gesetz der Moral (Tao) veranlasst die Menschen, mit ihrem Anführer völlig übereinzustimmen, so dass sie ihm ohne Rücksicht auf ihr Leben folgen und sich durch keine Gefahr abschrecken lassen.«

– Sun Tsu

VERFÜGBARE TRUPPEN

FRANZÖSISCHE ARMEE

47.000 Mann (eine Mischung aus enthusiastischen Freiwilligen und Veteranen, darunter hoch angesehene Artilleristen)

EINFALLENDE ALLIIERTENARMEE

34.000 Mann

STRATEGIE

Welcher Faktor wird bei dieser Schlacht die wichtigste Rolle spielen?

I

Der Geist der Französischen Revolution

II

Die französische Artillerie

III

Die preussische Kavallerie

IV

Die Königstreue

LÖSUNG UMSEITIG

LÖSUNG 1792

KANONADE VON VALMY

Sie haben die *Kanonade von Valmy* überstanden – einen entscheidenden Moment der Französischen Revolution.

ENTSCHEIDUNG FÜR I

ALS DIE MORAL DER PREUSSEN INS WANKEN GERIET (SIEHE UNTEN), SCHRIE IHR GENERAL KELLERMANN: »VIVE LA NATION!«, UND DIE GESAMTE FRANZÖSISCHE ARMEE NAHM DEN SCHLACHTRUF AUF. LETZTEN ENDES WAR ES DER REVOLUTIONÄRE GEIST, DER AN JENEM TAG DIE ENTSCHLOSSENHEIT DES FEINDES BESIEGTE UND IHN VOM SCHLACHTFELD FLIEHEN LIESS.

ENTSCHEIDUNG FÜR II

OBWOHL SIE IN DER UNTERZAHL WAREN, HINDERTEN DIE FRANZÖSISCHEN ARTILLERISTEN DIE PREUSSEN AM VORMARSCH UND UNTERGRUBEN DEREN MORAL, WAS DEN ERSTEN ENTSCHEIDENDEN WENDEPUNKT DER SCHLACHT DARSTELLT.

VOGEL DER FREIHEIT?

Die Milizen saßen um ein kleines Lagerfeuer herum und versuchten, nicht an den bald in Massachusetts einbrechenden Winter und ihre leeren Bäuche zu denken. Nach langem Schweigen ergriff ein Offizier namens Revere das Wort.

»Ich traf einen Bauern mit einem Hahn,
dem kein Fuchs im roten Rock zu Leibe rückt.
Wann immer der Hahn das Korn aufpickt
und der Himmel keinen Regen schickt,
lässt er die Welt um sich herum erbeben.«

Warum ist der Hahn des Bauern etwas Besonderes?

LÖSUNG AUF
SEITE 213

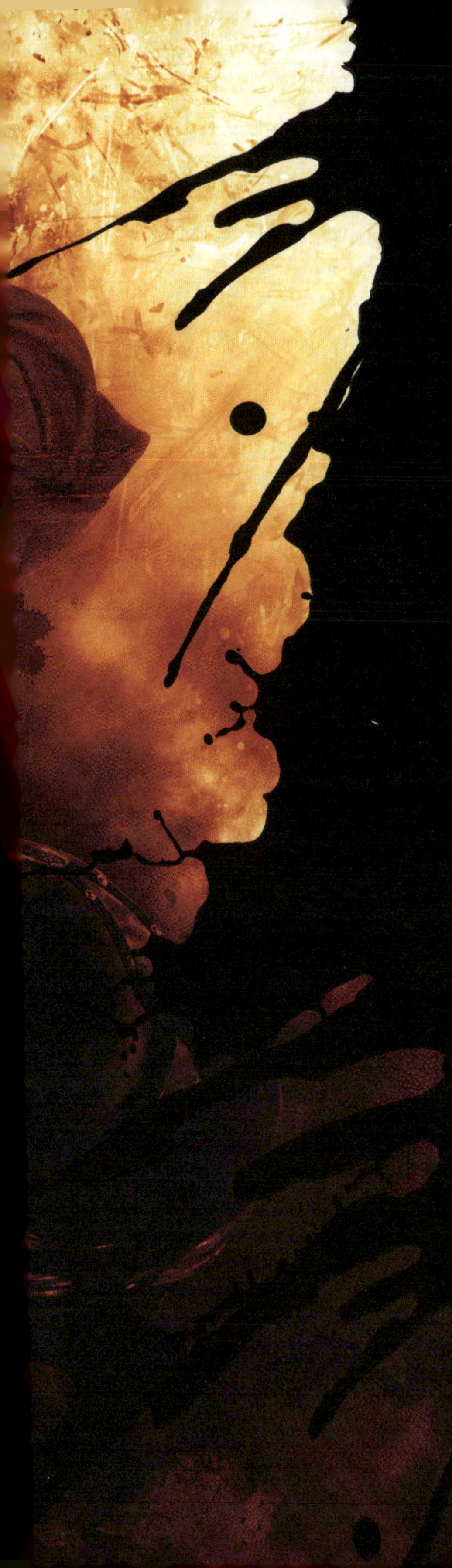

VI. NAPOLEON

Während der Geist der Freiheit seine blutigen Flügel über Frankreich ausbreitete, kam ein Militärführer zu Ruhm, der ganz Europa entscheidend prägen sollte.

Napoleon Bonaparte, geboren auf Korsika, war von niederem Adel, besaß jedoch einen bemerkenswerten Ehrgeiz. Er begann seine Laufbahn als Artillerieoffizier, erhielt jedoch von dem neu gebildeten französischen Direktorium nach der Niederschlagung eines konterrevolutionären Aufstands der Royalisten 1795 den Befehl über eine Armee.

Eine mächtige Allianz unter anderem aus Großbritannien, Spanien, Preußen und Österreich, auch Erste Koalition genannt, war in fünf Kriegsjahren nicht dazu in der Lage, die neue Französische Republik zu zerstören. Wir schließen uns nun General Bonaparte an, der einer Zweiten Koalition gegenübersteht, zu der auch Truppen des Osmanische Reiches gehören.

WÜSTENHITZE

SCHLACHTFELD 1798

Frankreich will Ägypten annektieren, um den Reichtum des Landes für sich auszubeuten und die britischen Handelsrouten nach Indien zu blockieren. Wer könnte die Armee bei diesem kühnen Unterfangen besser anführen als General Bonaparte? Sie begleiten ihn. Nach der erfolgreichen Eroberung von Alexandria marschieren Sie nun gen Kairo. Sechseinhalb Kilometer vor der Stadt treffen Sie auf den Feind. Es handelt sich um Mamluken, die Nachfahren von Krieger-Sklaven, die im Osmanischen Reich über einigen Einfluss verfügen.

»UNTERBRICH NIEMALS DEINEN FEIND, WENN ER DABEI IST, EINEN FEHLER ZU MACHEN.«

– NAPOLEON BONAPARTE

DAS SCHLACHTFELD

hr Marsch war alles andere als einfach. re Truppen leiden im trockenen Klima nter großem Durst und sind kurz vor em Verhungern. Sie wurden unterwegs n wilden Beduinenräubern angegriffen nd trafen bereits auf Mamlukenreiter, die Sie besiegten, indem Sie Ihre nfanterie in Karreeform gruppierten. ie Truppen unter Ibrahim Bey stehen auf der anderen Seite des Nils.

VERFÜGBARE TRUPPEN

FRANZÖSISCHE ARMEE

20.000 Mann, vor allem Fusssoldaten, dazu **3.000** Reiter und weniger als **50** Kanonen

MAMLUKENARMEE

Keine **40.000** Mann, darunter viele Zivilisten. Wahrscheinlich handelte es sich bei der Hälfte um Kämpfer (**6.000** von den gefürchteten Mamlukenreitern). Sie werden von Murad Bey und Ibrahim Bey befehligt.

STRATEGIE

Welcher der folgenden Aspekte hat Ihrer Meinung nach entscheidenden Einfluss auf den Kampfverlauf?

I
Artillerie

II
Zahlenmässige Überlegenheit

III
Infanterieformation

IV
Der Nil

V
Die Pyramiden

LÖSUNG UMSEITIG

LÖSUNG 1798

SCHLACHT BEI DEN PYRAMIDEN

Dieser Kampf ging als die *Schlacht bei den Pyramiden* in die Geschichte ein, obwohl die berühmten Bauwerke einen Tagesmarsch entfernt waren. Es war ein deutlicher Sieg für eine erschöpfte Armee! Zwei Faktoren erwiesen sich als wichtig für Bonapartes Erfolg.

ENTSCHEIDUNG FÜR III

AM WICHTIGSTEN WAR DER EINSATZ DER INFANTERIE IM »KARREE«, EINER FORMATION, BEI DER VERLETZLICHE EINHEITEN UND VORRÄTE VOR KAVALLERIE- UND FLANKENANGRIFFEN GESCHÜTZT SIND. DIE MAMLUKEN, DIE DIESE FORMATIONEN ANGRIFFEN, WURDEN ABGESCHLACHTET.

ENTSCHEIDUNG FÜR IV

DER ZWEITE ENTSCHEIDENDE FAKTOR WAR DER NIL. MAMLUKENGENERAL IBRAHIM BEY UND SEINE ARMEE STANDEN AM ANDEREN UFER UND KONNTEN NICHT IN DEN KAMPF EINGREIFEN!

»MAN WIRD STARK, INDEM MAN DER NIEDERLAGE TROTZT UND VERLUST UND VERSAGEN IN ERFOLG UMWANDELT.«

– NAPOLEON BONAPARTE

KRÄFTEGLEICHGEWICHT VI

Wir gehen davon aus, dass Ihre Einheiten ebenso gut sind wie die des Gegners und dass es nur auf die Zahl und Art der Einheiten ankommt.

VERFÜGBARE TRUPPEN

Ihre Einheiten bestehen aus Reitern und Fußsoldaten, die des Feindes aus Feldgeschützen.

FELDGESCHÜTZ REITER FUSSSOLDAT

DAS SCHLACHTFELD

Die folgenden Einheiten gleichen einander aus und sorgen für eine Pattsituation.

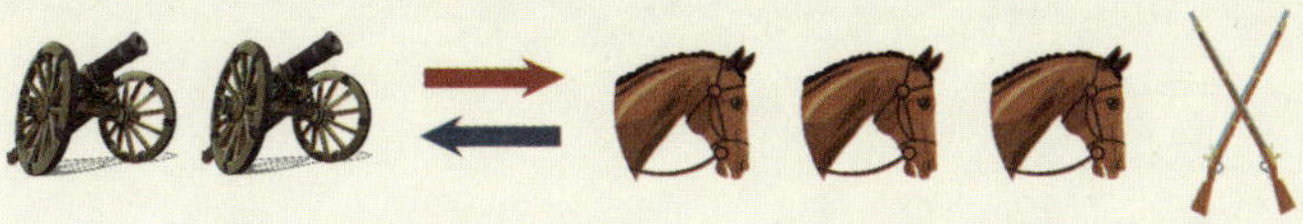

STRATEGIE

Sie wollen einen Angriff von fünf Reitern auf fünf Feldgeschütze anordnen. Wie viele Fußsoldaten müssen Sie mindestens losschicken, um für ein Patt zu sorgen?

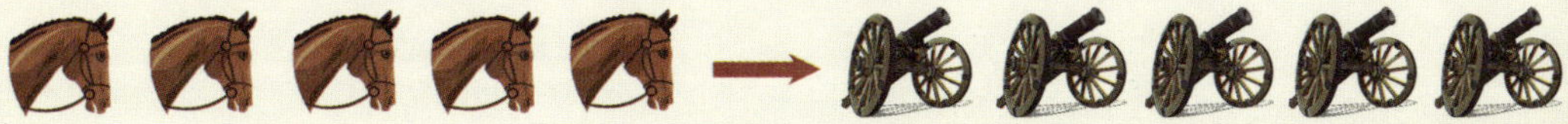

LÖSUNG AUF SEITE 214

ALLER GUTEN DINGE SIND DREI

SCHLACHTFELD 1805

Führt denn die ganze Welt Krieg gegen Frankreich? Sie haben nicht eine, sondern zwei Koalitionen besiegt, die auf Ihren Untergang aus waren. Napoleon weiß seine Erfolge zu nutzen, krönt sich zum Kaiser und steht nun einer dritten Koalition aus Großbritannien, Russland und den Truppen des Kaisers des Heiligen Römischen Reiches Deutscher Nation gegenüber. Eine österreichisch-russische Armee nähert sich Ihrer Grenze, und Napoleon hat beschlossen, die Initiative zu ergreifen und den Feind mit der *Grande Armée* abzufangen, bevor dieser seine Truppen verstärkt. Nachdem Sie die Österreicher an der Donau angegriffen haben, wappnen Sie sich für eine gewaltige Schlacht.

> »DU DARFST NICHT ZU OFT GEGEN DEN GLEICHEN FEIND KÄMPFEN, SONST LEHRST DU IHN ALLES ÜBER DEINE KRIEGSKUNST.«
>
> – NAPOLEON BONAPARTE

VERFÜGBARE TRUPPEN

FRANZÖSISCHE ARMEE
Etwa **73.000** Mann

KOALITIONSARMEE
Etwa **70.000** Mann unter Alexander I.

STRATEGIE
Welchen Rat würden Sie Napoleon geben?

I
Befehlen Sie Marschall Soult, den rechten Flügel zu verstärken.

II
Lassen Sie die Einheiten so stehen – Sie sind nicht so anfällig, wie es scheint.

III
Ziehen Sie sich zurück, da der Feind die höhere Position besetzt und sie vermutlich nicht aufgeben wird.

IV
Befehlen Sie der ganzen Grande Armée vorzurücken, um Ihre Front zu verstärken.

LÖSUNG UMSEITIG

DAS SCHLACHTFELD

Das Schlachtfeld ist über elf Kilometer breit und nebelverhangen. Der Feind hat die einzige höhergelegene Position besetzt. Ihr rechter Flügel ist besonders anfällig, da dort erst noch Truppen des III. Korps unter Marschall Davout eintreffen werden, der einen 120-Kilometer-Gewaltmarsch auf sich nimmt. Sollte der Feind jetzt vom Hügel kommen, werden Sie sich dort nicht rechtzeitig verstärken können.

LÖSUNG 1805

Schlacht bei Austerlitz

Sie haben an Napoleons Meisterleistung, der *Schlacht bei Austerlitz*, teilgenommen.

Entscheidung für II

Wenn Sie dem Kaiser vertraut und alles so belassen haben, konnten Sie sein Genie erkennen. Napoleon wusste, dass der Feind der anfälligen rechten Flanke nicht widerstehen kann und die höhere Position verlässt, um dort anzugreifen. Der dichte Nebel verbarg die Truppenstärke und Position der Grande Armée. Als die Koalitionstruppen heranrückten, attackierten die Franzosen ihre Mitte und konnten nach einem langen blutigen Kampf die Richtung ändern und den Feind in die Zange nehmen, der bereits gegen Davout kämpfte. Die Schlacht endete mit einem deutlichen Sieg für Napoleon.

HARTES KORPS

Napoleon führte in seiner *Grande Armée* das von ihm erdachte Korps-System ein. Jedes Korps bestand im Grunde genommen aus einer kleinen Armee, die weitgehend selbstständig operieren konnte. Die vereinfachte Karte unten ist in sechs Abschnitte unterteilt, die jeweils von einem kompletten, aus sechs Elementen bestehenden Korps besetzt werden müssen.

Platzieren Sie die folgenden Elemente so, dass jedes einmal in jeder Region, Zeile und Spalte erscheint.

MARSCHALL INFANTERIE KAVALLERIE PIONIERE ARTILLERIE SPIONE

LÖSUNG AUF SEITE 214

EINE KOALITION VON FEINDEN

SCHLACHTFELD 1813

Die sechste Koalition, die sich Napoleon entgegenstellte, bestand aus Großbritannien, Schweden, Preußen, Österreich, Portugal, Spanien und Russland. Bonapartes Traum, in Großbritannien einzumarschieren, war 1805 zerstört worden, als seine Flotte bei der *Schlacht von Trafalgar* unterlag, und die darauf folgende Russlandinvasion hatte 1812 ebenfalls katastrophal geendet. Dennoch strebt Napoleon weiter danach, Europa unter seiner Herrschaft zu vereinen. Die *Grande Armée* startet daher eine gewaltige Offensive in Sachsen.

VERFÜGBARE TRUPPEN

FRANZÖSISCHE ARMEE

190.000 Mann, darunter fast **700** Geschütze. Zwar konnte der Grossteil der beim Russlandfeldzug gefallenen Infanterie ersetzt werden, dies gilt jedoch nicht für die Kavallerie.

KOALITIONSARMEE

320.000 Mann – keine einzelne Armee, sondern die vereinte Streitmacht von Schweden, Österreich, Preussen und Russland

STRATEGIE

Am ersten Tag haben Sie den Preussen eine blutige Nase verpasst, während sich die anderen Koalitionsmächte zurückhielten. Aber ihre Feinde sammeln sich. Was werden Sie tun?

I	II
Die Stadt halten und versuchen, die Koalitionstruppen einzeln anzugreifen	Die Stadt verlassen und sich zurückziehen

DAS SCHLACHTFELD

Sie sind gezwungen, eine Stadt zu verteidigen, die für Ihre Kommunikationswege von großer Bedeutung ist.

LÖSUNG UMSEITIG

Lösung 1813

Völkerschlacht bei Leipzig

Die *Völkerschlacht bei Leipzig* war Napoleons erste deutliche Niederlage.

Entscheidung für **II**

Er hätte den geordneten Rückzug anordnen sollen, bevor die Koalition ihre Truppen vereinte und die Stadt umzingelte. Seine geschrumpfte Kavallerie konnte besiegte Feinde nicht verfolgen und vernichten, sodass diese in der Lage waren, sich während der dreitägigen Schlacht neu zu sammeln. Als seine Munition am dritten Tag zur Neige ging, musste er sich schliesslich zurückziehen, doch durch einen Patzer seiner Pioniere wurde eine Brücke vorzeitig zerstört, wodurch viele seiner Soldaten auf der falschen Seite des Flusses festsassen.

»Wer befürchtet, erobert zu werden, dem ist die Niederlage schon gewiss.«

– Napoleon Bonaparte

NACHZÜGLER

DIE HERAUSFORDERUNG

Sie erhalten Informationsfetzen über einige feindliche Einheiten, die sich nach dem Rückzug von deren Hauptstreitmacht und dem Vorrücken Ihrer Armee noch hinter Ihren Linien befinden.

Können Sie anhand der nachfolgenden Hinweise herausfinden, um welche Einheiten es sich handelt, wie groß sie sind, zu welcher Nation sie ursprünglich gehörten und in welchem Zustand sie sich befinden?

1. Die preußische Einheit ist ohne Anführer, nachdem ihr Kommandant von einem Schützen getötet wurde.
2. Die Artillerieeinheit besteht aus 100 Mann und gehört nicht zu Österreich.
3. Die österreichische Einheit besteht aus weniger Männern als die Dragoner, aber aus mehr als die Einheit, der die Munition ausgegangen ist.

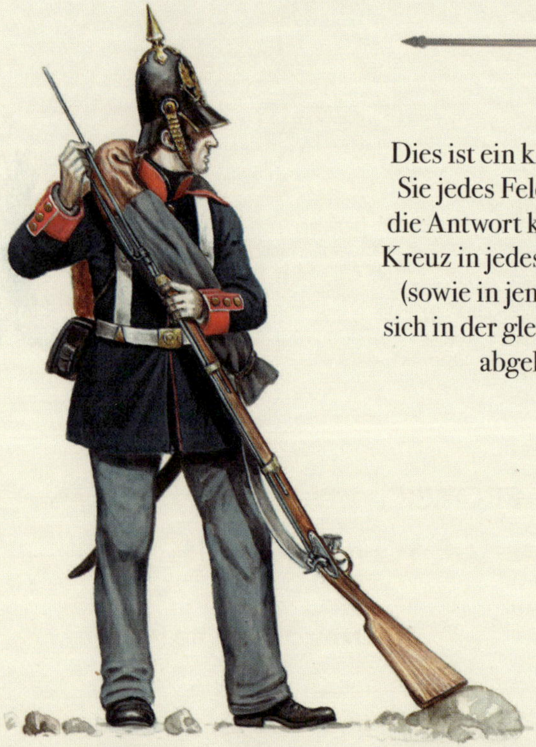

HINWEIS

Dies ist ein klassisches Logikrätsel. Haken Sie jedes Feld ab, bei dem Sie wissen, dass die Antwort korrekt ist, und machen Sie ein Kreuz in jedes Feld mit der falschen Antwort (sowie in jene in derselben Kategorie, die sich in der gleichen Zeile oder Spalte wie ein abgehaktes Feld befinden).

	100 MANN	200 MANN	300 MANN	BRITEN	ÖSTERREICHER	PREUSSEN	KEINE MUNITION	KEIN ANFÜHRER	ERSCHÖPFT
ARTILLERIE									
INFANTERIE									
DRAGONER									
KEINE MUNITION									
KEIN ANFÜHRER									
ERSCHÖPFT									
BRITEN									
ÖSTERREICHER									
PREUSSEN									

EINHEITENART	GRÖSSE	NATIONALITÄT	ZUSTAND
ARTILLERIE			
INFANTERIE			
DRAGONER			

LÖSUNG AUF SEITE 215

DIE RÜCKKEHR

SCHLACHTFELD 1815

Napoleon erlitt 1814 einen schweren Rückschlag, als die Sechste Koalition seine Armee besiegte, in Paris einmarschierte und ihn auf die Insel Elba ins Exil schickte. Ein geringerer Mann hätte sich mit dem frühen Ruhestand zufriedengegeben, aber nach nur knapp zehn Monaten im Exil kehrte Napoleon nach Frankreich (unter einem unbeliebten Bourbonenkönig) zurück und wurde als Held empfangen. Während sich die Koalitionsnationen auf dem Wiener Kongress stritten, hob er eine Armee aus, um sein Reich zurückzuerobern. Sie treffen in Belgien auf Ihre Feinde. Die Preußen stellen die größte Bedrohung dar und müssen zuerst besiegt werden.

»Das Wort ›unmöglich‹ gibt es nur im Wörterbuch von Narren.«

– Napoleon Bonaparte

Verfügbare Truppen

Französische Armee
Etwa **60.000** Mann und 200 Geschütze

Preussische Armee
Etwa **83.000** Mann und 220 Geschütze

Strategie

Blüchers Armee steht mit der britisch geführten Armee unter Wellington im Nordwesten in Kontakt. Wenn Sie die Preussen ausschalten können, lässt sich das Blatt vielleicht rasch wenden! Wie wird die Schlacht für Napoleon ausgehen?

I
Mit einem taktischen und strategischen Sieg

II
Mit einer taktischen Niederlage, aber einem strategischen Sieg

III
Mit einem taktischen Sieg, aber einer strategischen Niederlage

VI
Mit einer taktischen, strategischen und endgültigen Niederlage

Lösung umseitig

Das Schlachtfeld

Der feindliche General, Generalfeldmarschall Gebhart von Blücher, hat das Schlachtfeld bestimmt: eine Ansammlung von Dörfern in einer von vielen Flüssen durchzogenen Hügellandschaft.

LÖSUNG 1815

SCHLACHT BEI LIGNY

Napoleon konnte seinen letzten Sieg bei der *Schlacht bei Ligny* erzielen.

ENTSCHEIDUNG FÜR III

DIE PREUSSEN ERLITTEN BETRÄCHTLICHE VERLUSTE UND MUSSTEN SICH ZURÜCKZIEHEN, ABER NAPOLEON KONNTE SIE NICHT VERNICHTEN. BLÜCHERS ARMEE FORMIERTE SICH ZUSAMMEN MIT DER BRITISCHEN UND PREUSSISCHEN VERSTÄRKUNG NEU UND KONNTE NAPOLEON ZWEI TAGE SPÄTER BEI DER SCHLACHT BEI WATERLOO ENDGÜLTIG BESIEGEN.

KOSTBAR

Napoleon möchte seiner neuen Gattin Marie-Louise etwas schenken.

»Ich wünschte, ich könnte dir meinen kostbarsten Schatz geben, meine Liebste; er ist so wertvoll, dass ich ihn stets bei mir trage, selbst im Kampfe.«

»Können wir uns diesen Schatz nicht teilen, um uns beide daran zu erfreuen?«, wollte die Kaiserin wissen.

»Ach, würde ich ihn mit dir teilen, dann würde er aufhören zu existieren.«

Was meint Napoleon?

LÖSUNG AUF SEITE 215

VII. SEZESSIONSKRIEG

Nicht einmal ein Jahrhundert nach der Erlangung der Unabhängigkeit der Vereinigten Staaten von Amerika sah sich das amerikanische Volk einem neuen Konflikt ausgesetzt.

Nacheinander traten zunächst sieben der 34 Staaten aus der Union aus und bildeten 1861 im Süden die Konföderierten Staaten von Amerika. Der Hauptgrund für das Zerwürfnis mit dem Norden war die Angst davor, die zunehmend an Macht gewinnenden Gegner der Sklaverei könnten sich durchsetzen und damit vor allem die Landwirtschaft im Süden negativ beeinflussen.

Im April desselben Jahres griffen die Konföderierten Fort Sumter in South Carolina an. Der Sezessionskrieg bzw. Amerikanische Bürgerkrieg hatte begonnen!

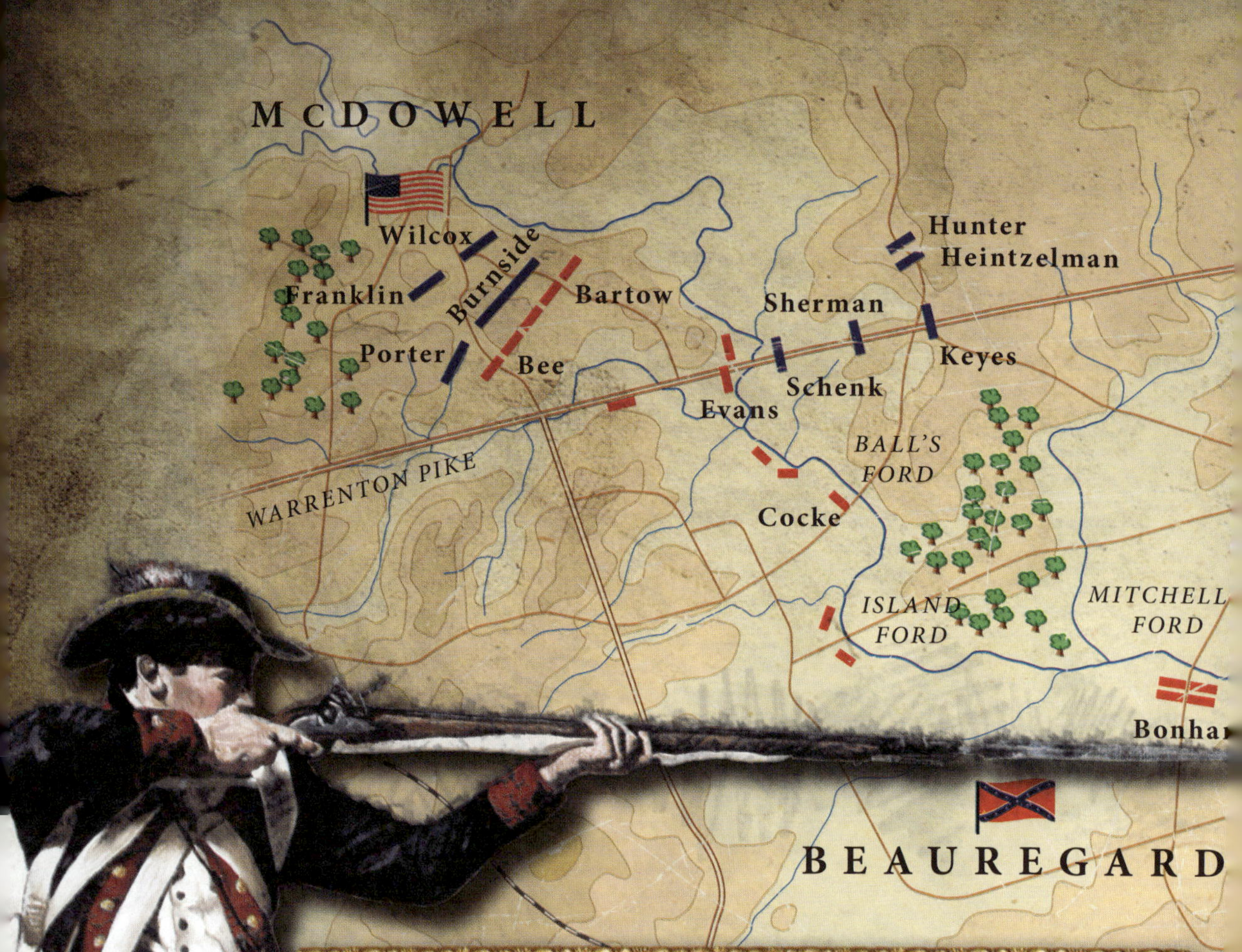

DAS ERSTE BLUTVERGIESSEN

SCHLACHTFELD 1861

Der Angriff auf Fort Sumter sollte militärisch beantwortet werden! Präsident Lincoln bat die Staaten um Stellung von Freiwilligen, und 75.000 Mann kamen dem Ruf nach und ließen sich für 90 Tage anwerben. Sie gehören bei dieser Schlacht der Unionsarmee an. Die Konföderierten haben inzwischen Richmond, Virginia, nur 190 Kilometer südlich der Hauptstadt Washington, zu ihrer neuen Hauptstadt erklärt. Ein Marsch auf Richmond soll die Rebellion sofort wieder beenden, aber nur 45 Kilometer südlich von Washington treffen Ihre Truppen bei Manassas auf etwa gleich starke Kräfte aus dem Süden.

»Ihr seid unerfahren, die Rebellen sind unerfahren. Ihr seid alle gleichermassen unerfahren.«

– Abraham Lincoln

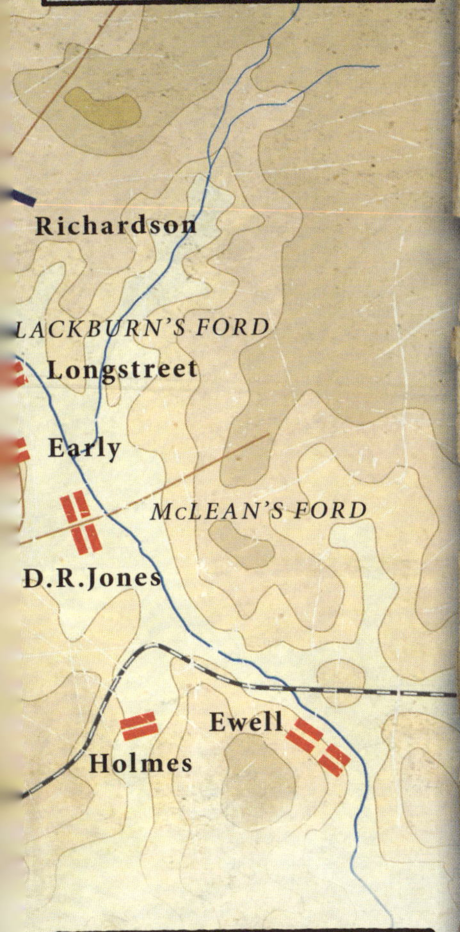

Das Schlachtfeld

Der Feind sammelt sich nahe der Manassas Gap Railroad, die von strategischer Bedeutung ist. Einige der Zugangsstraßen sind nicht ideal für eine Armee, und die Hitze ist unerträglich.

Verfügbare Truppen

Unionsarmee

Etwa **38.500** Mann, grösstenteils neue Rekruten, unter dem Befehl von General McDowell. Nur etwa **18.000** können den Feind angreifen.

Konföderiertenarmee

Etwa **32.000** Mann, hauptsächlich Fusssoldaten, ebenfalls unerfahren, unter dem Befehl von General Beauregard.

Strategie

Welchen klugen Rat möchten Sie Ihren unerfahrenen Männern mit auf den Weg geben?

I

Nicht wie Kain, der von dem Bösen stammte und seinen Bruder erschlug (1. Johannes 3:12).

II

Die Pläne des Fleissigen bringen Gewinn; doch der hastige Mensch hat nur Mangel (Sprüche 21:5).

III

Wer auf seinen Reichtum vertraut, der fällt; die Gerechten aber sprossen wie grünes Laub (Sprüche 11:28).

LÖSUNG UMSEITIG

LÖSUNG 1861

ERSTE SCHLACHT AM BULL RUN

Die *Erste Schlacht am Bull Run* (von den Konföderierten auch *Schlacht bei Manassas* genannt) war die erste große Landschlacht des Bürgerkriegs und endete mit einem klaren Sieg für die Konföderierten.

Entscheidung für I

In einem Bürgerkrieg wäre es töricht, Ihre Soldaten vor dem Töten ihrer Brüder zu warnen, und in diesem Kampf sogar kontraproduktiv. Einige Konföderierte trugen blaue Uniformen (die Farbe der Union) und wurden erst zu spät als feindliche Soldaten erkannt.

Entscheidung für II

Einer der Hauptgründe für die Niederlage der Union bei Bull Run war nicht Hast, sondern Verzögerung, wodurch sich die Konföderierten verstärken und letztendlich gewinnen konnten.

Entscheidung für III

Das wäre der beste Ratschlag gewesen. Viele Unionssoldaten standen kurz vor dem Ende ihrer 90-tägigen Dienstzeit und wollten nur noch nach Hause, daher fehlte ihnen der Enthusiasmus der ebenso unerfahrenen Konföderierten.

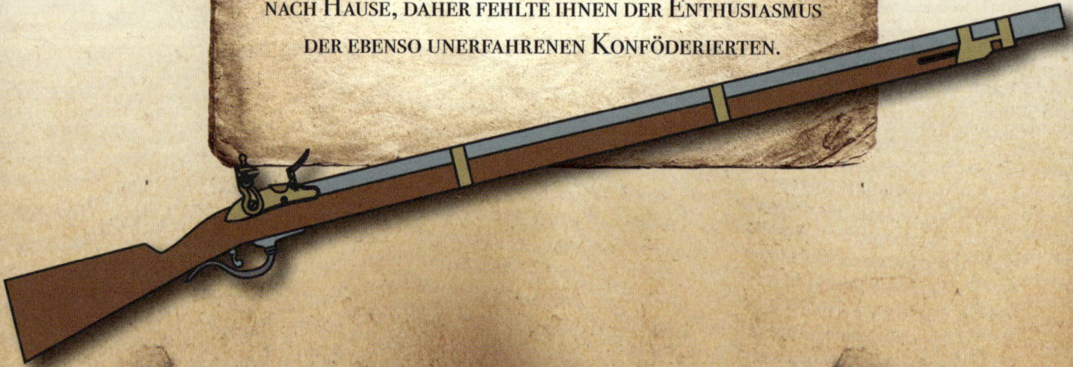

KRÄFTEGLEICHGEWICHT VII

Es ist wieder mal so weit! Wie können Sie den Feind in Schach halten, während Sie auf Verstärkung warten?

VERFÜGBARE TRUPPEN

Ihre Einheiten bestehen aus Reitern und Fußsoldaten, die des Feindes aus Gatling-Repetiergeschützen. Wir gehen davon aus, dass Ihre Einheiten ebenso gut sind wie die des Gegners und dass es nur auf die Zahl und Art der Einheiten ankommt.

GATLING REPETIER-GESCHUTZ **FUSSSOLDAT** **REITER**

DAS SCHLACHTFELD

Die folgenden Einheiten gleichen einander aus und sorgen für eine Pattsituation.

STRATEGIE

Der Feind hat zwei Gatling-Repetiergeschütze aufgestellt. Sie schicken drei Fußsoldaten los. Wie viele Reiter müssen Sie einsetzen, um für gleiche Chancen zu sorgen?

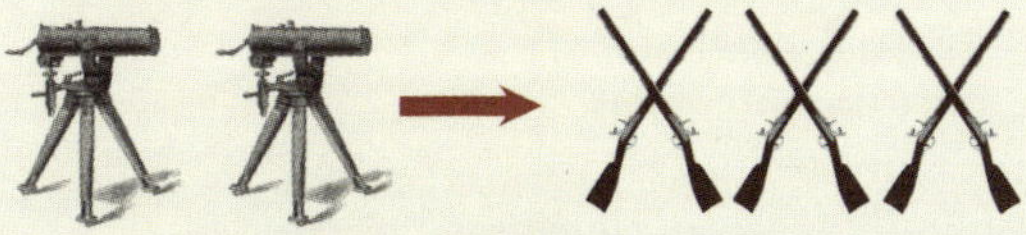

LÖSUNG AUF SEITE 216

IN DEN WESTEN

SCHLACHTFELD 1862

Sie schließen sich der Konföderiertenarmee an, die einen ambitionierten Feldzug wagt, der den Lauf des Krieges verändern kann! Das Ziel besteht darin, die Kontrolle über den Südwesten zu gewinnen, um Zugang zu den Küstenstädten, zur transkontinentalen Eisenbahn und zu den beachtlichen Goldreserven der Region zu erhalten. Sie haben Fort Craig angegriffen, verfügten jedoch über zu wenig schwere Artillerie, um es einzunehmen. Zwar konnten Sie die Armee herauslocken, die sich nach Ihrem Sieg jedoch wieder ins Fort zurückzog und eine Pattsituation herstellte. Daher hat Sibley Ihnen den Auftrag erteilt, das schlechter verteidigte Fort Union anzugreifen. Wenn Sie es erobern, verfügen Sie über neue Vorräte und können den Feldzug fortsetzen.

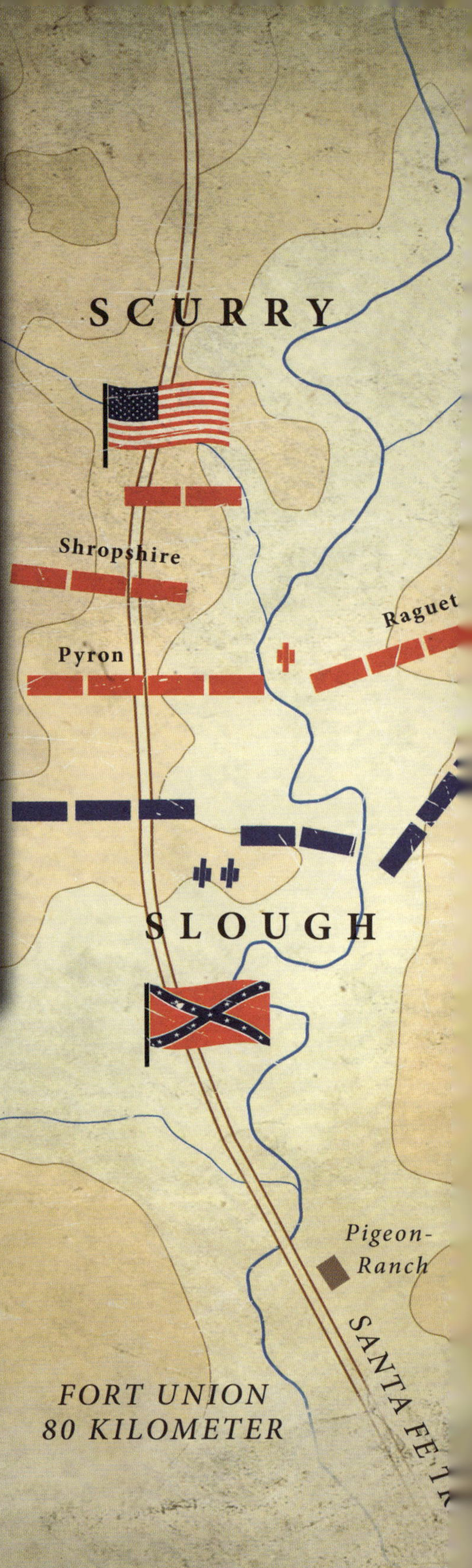

DAS SCHLACHTFELD

Auf dem Weg nach Fort Union sind Sie einer feindlichen Armee unter Colonel John Potts Slough begegnet. Ihre Hauptstreitmacht war bemerkenswert schnell, und Sie konnten den Feind von der Flanke angreifen: Die Vorhut unter Major Chivington befindet sich nun zu weit hinter Ihren Linien, um Sloughs Truppen verstärken zu können.

»Es ist gut, dass der Krieg so schrecklich ist, wir würden sonst vielleicht Gefallen daran finden.«

– Robert E. Lee

Verfügbare Truppen

Konföderiertenarmee

1.200 Mann unter dem Befehl von Brigadegeneral William Read Scurry

Unionsarmee

Brigadegeneral John P. Slough befehligt **1.300** Mann, von denen **500** unter Major Chivington für ein Flankenmanöver losgeschickt wurden.

Strategie

Was sollen Sie tun?

I

Schicken Sie alle verfügbaren Männer los, um die Sache zu Ende zu bringen.

II

Teilen Sie Ihre Leute auf, und schützen Sie die Nachschubkolonne.

III

Ruhen Sie sich aus, und formieren Sie sich neu.

IV

Ziehen Sie sich zurück. Das sieht viel zu einfach aus.

Lösung umseitig

LÖSUNG 1862

SCHLACHT AM GLORIETA-PASS

Sie haben soeben die *Schlacht am Glorieta-Pass* bestritten.

Entscheidung für II

Das hätte die Rettung sein können – alle anderen Wege führen in die Katastrophe! Die Schlacht am Glorieta-Pass wäre ein sicherer Sieg für die Konföderierten gewesen, hätte es Chivingtons Vorhut nicht gegeben. Sie hat zwar ihr eigentliches Ziel verfehlt, traf jedoch auf Ihre schlecht geschützte Nachschubkolonne. Ohne Vorräte konnten Sie den Feldzug in den Westen nicht fortsetzen.

WACHDIENST (TEIL IV)

SIE MÜSSEN DIE ZELTE IHRER TRUPPEN EIN WEITERES MAL SCHÜTZEN, DAMIT DER FEIND SIE NICHT ÜBERFALLEN KANN.

Weisen Sie jedem Zelt auf der Karte unten eine Wache zu. Die Zahlen am Rand geben an, wie viele bewachte Felder es in jeder Zeile und Spalte gibt. Vergessen Sie nicht, dass es keine römische Ziffer für die Zahl Null gibt. Es darf keine Wache auf einem Feld platziert werden, das an ein weiteres bewachtes Feld grenzt (auch nicht über Eck). Jedes Zelt muss von einer Wache in einem angrenzenden Feld beschützt werden (mit dem es eine Linie, aber keine Ecke teilt).

Können Sie alle Wachen richtig postieren?

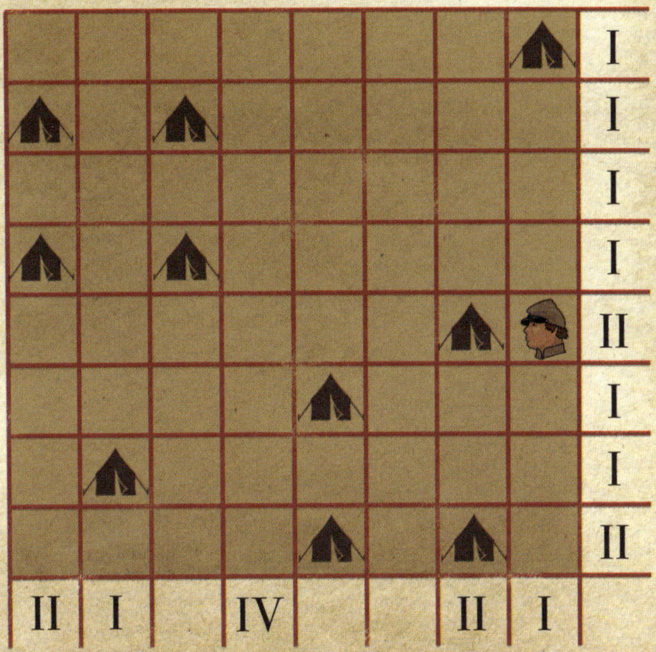

LÖSUNG AUF SEITE 216

MARYLAND

SCHLACHTFELD 1862

Sie müssen General George B. McClellan Bericht erstatten und sich der Unionsarmee anschließen. Die Konföderierten sind dank einer Siegesserie wagemutig und dringen in den Norden vor. Nun liegt es an Ihnen, dafür zu sorgen, dass sie zum ersten und zum letzten Mal einen Fuß auf Ihren Boden gesetzt haben!

VERFÜGBARE TRUPPEN

UNIONSARMEE

Generalmajor George B. McClellan befehligt **75.000** Mann.

KONFÖDERIERTENARMEE

General Robert E. Lee befehligt **38.000** Mann.

STRATEGIE

Welche Strategie schlagen Sie vor?

I

Konzentrierter Angriff: Überwältigen Sie einen feindlichen Abschnitt durch schiere Übermacht.

II

Defensivpositionen: Verschanzen Sie sich, und wappnen Sie sich für einen langen Schusswechsel.

III

Vorgetäuschter Rückzug: Geben Sie vor, sich zurückzuziehen, um den Feind aus den Verteidigungsanlagen zu locken.

DAS SCHLACHTFELD

Sie treffen in Washington County, Maryland, auf den Feind. Angesichts Ihrer zahlenmäßigen Überlegenheit hat er sich verschanzt. Dank Zäunen, Vorsprüngen aus Kalkstein und natürlichen oder künstlichen Vertiefungen lässt sich das Gelände gut verteidigen. Der Bach lässt sich an mehreren Furten und über drei Brücken überqueren. Der Feind hat den Potomac im Rücken.

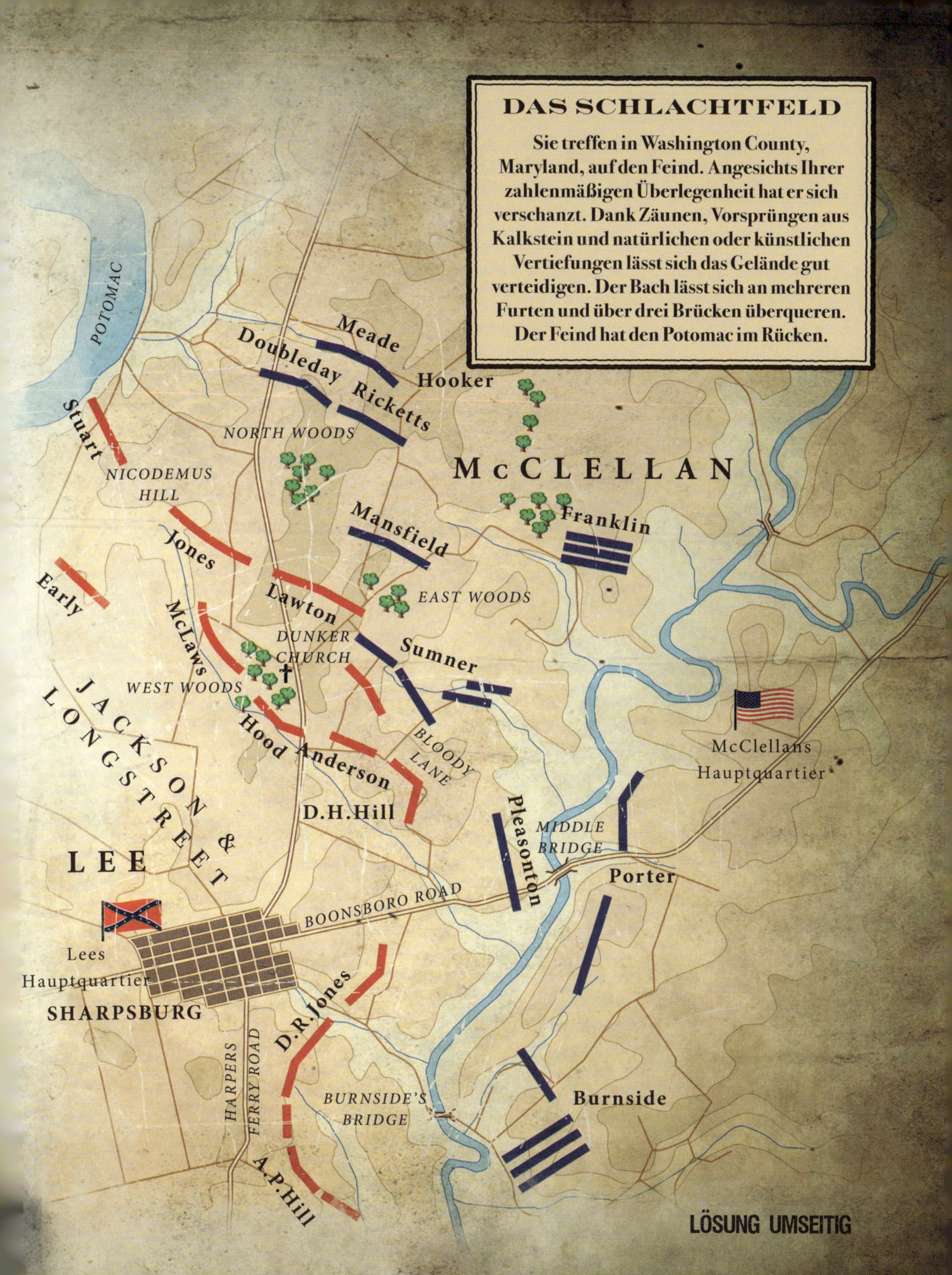

LÖSUNG UMSEITIG

LÖSUNG 1862

SCHLACHT AM ANTIETAM

Die *Schlacht am Antietam* (bei den Konföderierten: *Schlacht bei Sharpsburg*) war taktisch gesehen ein Patt, wird jedoch als strategischer Sieg der Union angesehen, da Lees Vormarsch aufgehalten wurde und er sich nach Virginia zurückziehen musste. Es war mit rund 3.600 Gefallenen und Gesamtverlusten von etwa 23.000 Mann auf jeden Fall die blutigste Schlacht des Krieges.

ENTSCHEIDUNG FÜR I

MANCHE MEINEN, MCCLELLAN WÄRE ZU VORSICHTIG GEWESEN. WÄRE ER AGGRESSIVER VORGEGANGEN, HÄTTE ER DIE KONFÖDERIERTENARMEE MIT SEINER ÜBERMACHT ÜBERRENNEN UND DEN KRIEG VIELLEICHT VORZEITIG BEENDEN KÖNNEN.

»Krieg ist bestenfalls schrecklich, und unser Krieg ist ob seines Ausmasses und seiner Dauer einer der schrecklichsten.«

– Abraham Lincoln

SCHLACHTRUF

Der Amerikanische Bürgerkrieg tobte zwischen 1861 und 1865. Nachfolgend geht es um fünf Schlachten, aus denen die Konföderation als Sieger hervorging. Können Sie anhand der Hinweise herausfinden, in welchem Jahr jede Schlacht geschlagen wurde, wo sie stattfand und wer sie an jenem Tag befehligte?

1. *Valverde* war nicht die erste Schlacht. Sie wurde von General Sibley gewonnen.
2. Die *Schlacht bei Johnsonville* fand 1864 in Tennessee statt.
3. General Ford siegte bei der *Schlacht von Palmito Ranch* zwei Jahre nach der Schlacht in Missouri.
4. Das *Gefecht bei Big Bethel* wurde von General Magruder gewonnen und fand nicht in New Mexico statt.
5. Die *Schlacht von Hartville* fand 1863 statt und endete mit General Marmaduke als Sieger.
6. Die letzte dieser Schlachten wurde in Texas geschlagen.

HINWEIS:

Dies ist ein klassisches Logikrätsel. Haken Sie jedes Feld ab, bei dem Sie wissen, dass die Antwort korrekt ist, und machen Sie ein Kreuz in jedes Feld mit der falschen Antwort (sowie jene in derselben Kategorie, die sich in der gleichen Zeile oder Spalte wie ein abgehaktes Feld befinden).

	1861	1862	1863	1864	1865	NEW MEXICO	TEXAS	TENNESSEE	MISSOURI	VIRGINIA	MAGRUDER	FORREST	SIBLEY	FORD	MARMADUKE
VALVERDE															
BIG BETHEL															
HARTVILLE															
JOHNSONVILLE															
PALMITO RANCH															
MAGRUDER															
FORREST															
SIBLEY															
FORD															
MARMADUKE															
NEW MEXICO															
TEXAS															
TENNESSEE															
MISSOURI															
VIRGINIA															

SCHLACHT	JAHR	ORT	GENERAL
VALVERDE			
BIG BETHEL			
HARTVILLE			
JOHNSONVILLE			
PALMITO RANCH			

LÖSUNG AUF SEITE 217

VIRGINIA

SCHLACHTFELD 1863

Sie gehören der konföderierten Nord-Virginia-Armee unter Robert E. Lee an. Die Ihnen zahlenmäßig überlegene Potomac-Armee der Union unter Generalmajor Joseph Hooker hat Sie eingekesselt, doch die Selbstsicherheit des erfahrenen Kommandanten hat nach der Niederlage bei der *Schlacht von Fredericksburg* einen heftigen Dämpfer erlitten. Sie wollen dem näher rückenden Feind entrinnen.

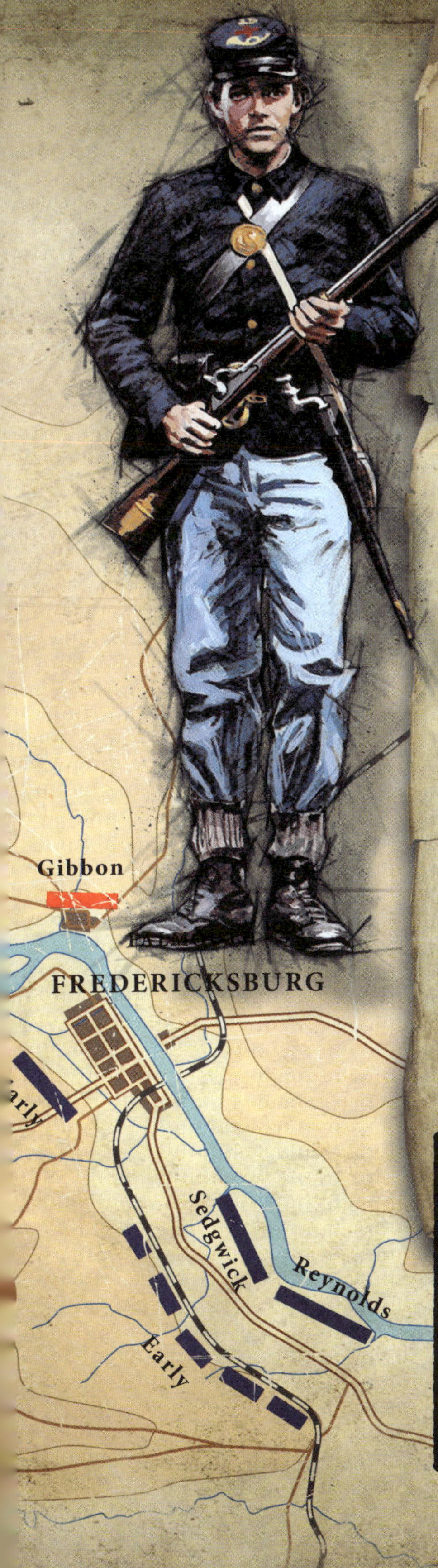

VERFÜGBARE TRUPPEN

KONFÖDERIERTENARMEE

Lee befehligt gut **61.000** Mann und wird vom erfahrenen Thomas Jonathan »Stonewall« Jackson unterstützt.

UNIONSARMEE

Hooker unterstehen knapp **134.000** Mann, darunter **10.000** Reiter, die Sie flankieren sollen.

STRATEGIE

Welchen Rat geben Sie General Lee?

I

Ziehen Sie die Truppen zusammen, und befestigen Sie Ihre Position.

II

Teilen Sie Ihre Truppen auf, und versuchen Sie, den Feind zu flankieren.

III

Erklären Sie Ihre bedingungslose Kapitulation. Der Krieg ist vorbei.

LÖSUNG UMSEITIG

DAS SCHLACHTFELD

Dichter Regen behindert die Truppenbewegungen, und der Fluss Rappahannock teilt das Schlachtfeld. Der Großteil der Armee hat sich verschanzt. Hooker scheint nach Fredericksburg auf Rache aus zu sein und hat seine große Armee aufgeteilt, um Ihre Truppen in einen Zangenangriff zu nehmen. Sein Ziel ist zweifellos, Ihre Versorgungslinie zu zerstören und Ihre im Rückzug befindlichen Truppen zu vernichten.

Lösung 1863

Schlacht bei Chancellorsville

Entscheidung für II

Sie sind ebenso tollkühn wie General Lee! Die Schlacht bei Chancellorsville wird als seine »perfekte Schlacht« angesehen. Obwohl er dem Feind zwei zu eins unterlegen war, ignorierte er Sun Tsus Ratschlag und ergriff die Initiative. Hookers Mangel an Selbstvertrauen erledigte den Rest, und nach sehr blutigen Auseinandersetzungen musste sich seine Armee zurückziehen. Lees heldenhafter Sieg war hart erkämpft, da seine Verluste über 12.000 Mann betrugen, darunter »Stonewall« Jackson, der durch »Eigenbeschuss« tödlich verwundet worden war. Die Verluste und »Stonewalls« Tod waren hart, aber der Amerikanische Bürgerkrieg dauerte noch ein Jahr und elf Monate an, bis sich Lee schlussendlich ergeben musste.

SCHNELLFEUER

Bevor das Gatling-Repetiergeschütz mit seiner verheerenden Feuergeschwindigkeit (700 Schuss pro Minute) das Kriegswesen veränderte, hatte es schon andere Versuche gegeben, Schnellfeuerwaffen herzustellen.

Zwei Erfinder führen ihren Maschinengewehrprototyp vor. Die Feuergeschwindigkeit wird mit einer Stoppuhr gemessen, die jemand beim ersten Schuss aktiviert und beim letzten anhält.

Abners Waffe feuert beständig 5 Schuss in 5 Sekunden, während Benjamins 10 Schuss in 10 Sekunden abgibt.

Welche Waffe würden Sie in Auftrag geben?

»Dein grosses Ziel im Krieg soll der Sieg sein und kein langwieriger Feldzug.«

– Sun Tsu

LÖSUNG AUF SEITE 217

VIII. ERSTER WELTKRIEG

Die europäischen Nationen waren nie eine große glückliche Familie gewesen, obwohl (oder vielleicht auch weil) es immer wieder Versuche gab, sie zu vereinen. 1914 existierte auf dem Kontinent ein Flickwerk aus Republiken und Reichen, die durch ein beeindruckendes Netzwerk an Allianzen, Rivalitäten und Feindseligkeiten miteinander verbunden waren.

Als serbische Nationalisten am 28. Juni des Jahres Erzherzog Franz Ferdinand von Österreich-Ungarn ermordeten, wurde eine Kette von Ereignissen in Gang gesetzt, die nicht nur Europa, sondern große Teile der Welt in den blutigsten Krieg verwickelten, den es bis dahin gegeben hatte. Wieder einmal entwickelte sich die Kunst des Krieges dank neuer Strategien und Technologien weiter. Bereiten Sie sich auf die Schrecken in den Schützengräben vor …

RUSSLAND IN PREUSSEN

SCHLACHTFELD 1914

Sie schließen sich der deutschen Armee in Preußen an. Die Russen haben sich auf die Seite Ihrer Feinde gestellt, und Zar Nikolaus II. schickt zwei hastig mobilisierte Armeen in Ihr ostpreußisches Territorium. Die feindliche 1. Armee ist im Norden der Region eingetroffen, rückt jedoch nicht vor. Das ist seltsam, da die 2. Armee dadurch im Südosten im Nachteil ist; sie kann Ihre zahlenmäßig unterlegene Armee nicht einkesseln. Sie haben Gerüchte gehört, die Generäle Rennenkampff und Samsonow würden nicht gut miteinander auskommen, aber was haben sie vor? Können Sie die Lage ausnutzen, obwohl Sie nur über gut halb so viele Männer verfügen?

VERFÜGBARE TRUPPEN

DEUTSCHE ARMEE

Die 8. Armee unter General Paul von Hindenburg (mit Erich Ludendorff als Stabschef) verfügt über **150.000** Mann.

RUSSISCHE ARMEE

Die 1. Armee unter General Rennenkampff besteht aus fünfeinhalb Infanterie- und fünf Kavalleriedivisionen. Die 2. Armee unter General Samsonow besteht aus neuneinhalb Infanterie- und drei Kavalleriedivisionen.

STRATEGIE

Was raten Sie Hindenburg?

I

Werfen Sie alle Truppen der 2. Armee entgegen.

II

Teilen Sie Ihre Truppen so auf, dass Sie beide angreifenden Armeen bekämpfen können.

III

Rechnen Sie mit einer List der Russen, und ziehen Sie sich aus Preussen zurück.

IV

Heben Sie Schützengräben aus.

DAS SCHLACHTFELD

Dieses Gebiet im südlichen Ostpreußen ist von vielen Wäldern und Seen geprägt, die den Zusammenhalt von Einheiten erschweren. Die Eisenbahn ist einsatzbereit.

LÖSUNG UMSEITIG

LÖSUNG 1914

SCHLACHT BEI TANNENBERG

ENTSCHEIDUNG FÜR I

SIE PFLICHTEN DEM BRILLANTEN OBERST HOFFMANN BEI, DER EINEN TOLLKÜHNEN PLAN SCHMIEDETE, UM IHRE NÖRDLICHEN TRUPPEN MIT DER EISENBAHN IN DEN SÜDEN ZU SCHICKEN, WODURCH DIE SCHLACHT BEI TANNENBERG GEWONNEN WURDE. AUF DIESE WEISE KONNTEN SIE DAS ZÖGERN DER 1. RUSSISCHEN ARMEE AUSNUTZEN UND EINEN FLANKENANGRIFF AUSFÜHREN, DER ZUR VÖLLIGEN VERNICHTUNG DER 2. RUSSISCHEN ARMEE UND EINEM ENTSCHEIDENDEN SIEG FÜHRTE.

KRÄFTEGLEICHGEWICHT VIII

Können Sie den Feind abwehren, bis die Verstärkung eintrifft?

VERFÜGBARE TRUPPEN

Ihre Einheiten bestehen aus Artillerie und Fußsoldaten, die des Feindes aus Panzern. Wir gehen davon aus, dass Ihre Einheiten ebenso gut sind wie die des Gegners und dass es nur auf die Zahl und Art der Einheiten ankommt.

PANZER **ARTILLERIE** **FUSSSOLDATEN**

DAS SCHLACHTFELD

Die folgenden Einheiten gleichen einander aus und sorgen für eine Pattsituation:

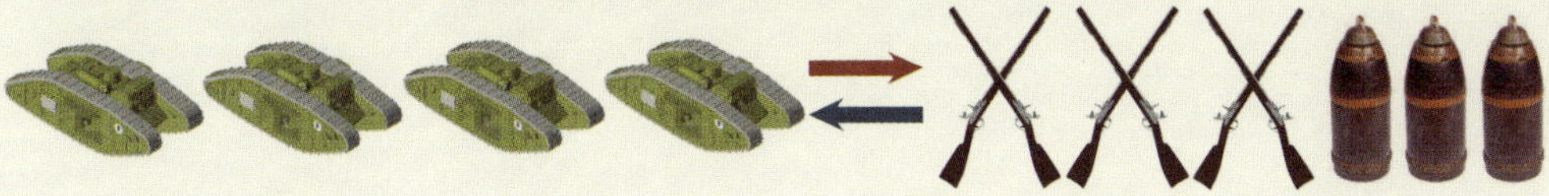

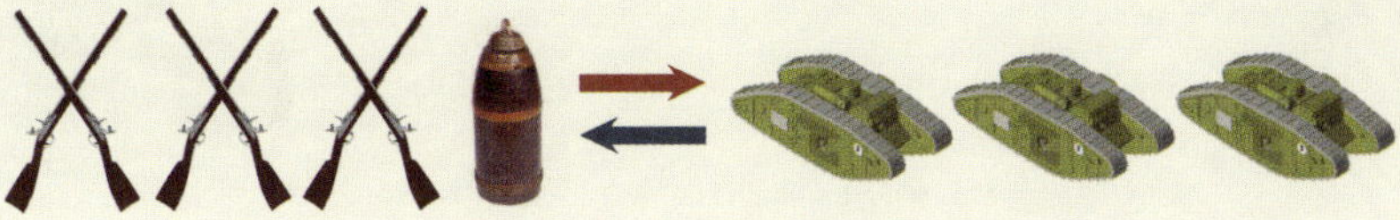

STRATEGIE

Der Feind greift Ihre aus fünf Artilleristen bestehende Batterie mit fünf Panzern an. Wie viele Fußsoldaten müssen Sie mindestens losschicken, um für ausgeglichene Verhältnisse zu sorgen?

LÖSUNG AUF SEITE 218

EIN GEWALTIGER RÜCKZUG

SCHLACHTFELD 1914

Sie sind mit dem Britischen Expeditionskorps in Frankreich. Dummerweise sieht es schlecht für Sie aus – Sie rennen um Ihr Leben! Die deutschen Offensiven an der Ost- und Westfront haben sich als sehr effektiv erwiesen, lediglich die mit den Deutschen verbündeten Österreicher waren gegen Russland im Süden weniger erfolgreich. Ihre Armee und Ihre französischen Verbündeten ziehen sich nach Paris zurück. Die Deutschen marschieren seit über 30 Tagen und sind in Sichtweite der Hauptstadt. Paris bei einem schnellen, verheerenden Angriff einzunehmen, ist Teil ihres sogenannten Schlieffen-Plans. Gibt es einen Weg, sie aufzuhalten und zum Rückzug zu zwingen?

DAS SCHLACHTFELD

Ihre Armee ist in Frankreich über mehrere Hundert Kilometer verteilt. Sie haben Zugriff auf ein funktionierendes Eisenbahnnetz. Die deutschen Versorgungslinien sind gefährdet (erst recht, seit sie sich durch Ihren Rückzug wieder von Paris entfernen mussten), die Nachrichtenverbindungen zwischen Armeen und deutschem Oberkommando schwierig, doch sollen die Kommandanten weitgehend unabhängig und weniger auf zentralen Befehl hin agieren.

VERFÜGBARE TRUPPEN

ALLIIERTE ARMEE

Etwas über eine Million Mann in **45** Divisionen, darunter das aus sechs Divisionen bestehende britische Expeditionskorps.

DEUTSCHE ARMEE

Fast eineinhalb Millionen Mann (in **27** Infanterie- und **6** Kavallerie-Divisionen) .

STRATEGIE

Was schlagen Sie vor?

I

Schützengräben ausheben

II

Den Rückzug fortsetzen

III

Sammeln und zum Gegenangriff übergehen

»So glauben wir denn, dass ohne Kühnheit kein ausgezeichneter Feldherr zu denken ist.«

– Carl von Clausewitz

LÖSUNG UMSEITIG

LÖSUNG 1914

SCHLACHT AN DER MARNE

Bei der *Schlacht an der Marne* beschlossen die Alliierten, zum Gegenangriff überzugehen, was sich als richtige Entscheidung erwies und einen Wendepunkt des Krieges darstellte.

ENTSCHEIDUNG FÜR III

ES GELANG DEN ALLIIERTEN, EINE LÜCKE IN DIE LINIEN DER DEUTSCHEN ZU SCHLAGEN, DURCH DIE IHRE TRUPPEN DEN FEIND FLANKIEREN UND LETZTEN ENDES ZUM RÜCKZUG ZWINGEN KONNTEN. NACH IHRER NIEDERLAGE BESCHLOSSEN DIE DEUTSCHEN, SICH ZU VERSCHANZEN. DIE ALLIIERTEN TATEN ES IHNEN NACH, UND DER LANGE, BLUTIGE STELLUNGSKRIEG, DEN WIR MIT DEM ERSTEN WELTKRIEG IN VERBINDUNG BRINGEN, HATTE BEGONNEN.

UNTER ZEITDRUCK!

Das Leben im Schützengraben war gefährlich, da man kaum Zeit hatte, auf Gefährdungen zu reagieren. Beweisen Sie, wie gut Sie dieses Rätsel unter Druck lösen können – besorgen Sie sich sofort eine Stoppuhr, Soldat! Sie haben fünf Minuten, um neun Begriffe (die mit dem Ersten Weltkrieg zu tun haben und Ihr Leben gefährden können) im Gitter unten zu finden. Die Worte können horizontal, vertikal oder diagonal sowie vorwärts oder rückwärts verlaufen!

M	V	P	W	G	B	G	W	P	W	E	X	F	R	W	B	H	S	W	N	O	A	Z
M	F	L	J	A	N	M	M	K	H	H	G	U	E	B	R	O	Z	C	H	R	R	O
C	E	W	T	I	E	L	Y	H	C	M	U	C	J	C	J	O	A	Z	P	L	C	S
X	Q	T	F	N	N	E	N	C	W	V	G	D	W	L	M	O	N	O	G	L	H	L
S	G	V	A	G	L	J	Z	S	R	C	G	H	R	V	Y	C	H	T	R	B	P	Z
Y	V	R	W	M	R	I	T	T	X	D	F	R	I	V	U	V	F	H	R	V	U	Z
U	S	C	A	G	M	N	I	P	Ü	I	B	Y	L	N	E	Y	K	A	M	H	L	G
U	M	Y	G	N	E	S	A	B	E	H	S	B	M	X	J	Z	X	R	G	A	S	A
X	A	R	W	M	A	K	D	L	Y	P	C	L	H	M	N	K	U	D	H	S	L	I
L	S	D	S	I	C	T	O	Q	E	O	T	S	Y	M	L	J	Z	L	Q	Q	E	Z
E	W	R	D	N	Z	L	E	A	U	F	O	X	F	A	U	C	L	E	H	Q	P	G
M	N	B	D	E	I	T	T	G	U	M	I	S	Y	R	S	T	P	H	N	J	A	M
T	B	D	Q	N	Z	L	U	B	J	I	V	J	P	T	A	K	S	C	P	F	I	P
E	A	J	C	L	E	N	E	E	N	X	L	A	I	I	E	H	L	A	J	T	D	Y
T	S	A	U	B	Z	F	J	P	W	D	H	K	K	L	W	U	C	T	Q	C	O	M
N	C	Y	B	I	P	T	G	K	P	O	I	G	C	L	Z	S	U	S	W	I	V	J
H	U	C	H	Z	R	Y	J	J	Z	E	X	S	G	E	R	I	C	H	L	Z	T	R
Z	R	Y	C	L	U	G	R	N	E	Z	Z	H	G	R	O	H	G	H	P	V	X	O
A	S	R	V	L	Q	E	J	E	M	N	W	Y	K	I	P	X	J	K	A	Y	T	U
M	C	A	H	G	O	W	I	Z	S	A	G	F	N	E	S	A	X	H	N	U	Z	J
K	P	T	M	Q	O	P	F	H	W	J	M	M	Z	A	V	M	F	G	Z	B	B	Z
Q	M	A	S	C	H	I	N	E	N	G	E	W	E	H	R	P	K	S	E	U	K	D
P	F	Z	C	A	N	H	F	A	R	E	J	B	Q	Q	A	F	E	M	R	P	S	Q

LÖSUNG AUF SEITE 218

GROSSE VERLUSTE

SCHLACHTFELD 1916

Sie schließen sich wieder der deutschen Armee an, die in einem blutigen Grabenkrieg festsitzt. Es ist entscheidend, dass Sie die französische Armee vernichten und den Stellungskrieg beenden. Dadurch sollte auch das britische Expeditionskorps dazu gebracht werden, von Frankreich abzufallen. Ihre Armee wird bei dieser Offensive auf einige Innovationen zurückgreifen können: den Flammenwerfer, mit dem man Truppen aus Befestigungen vertreibt, und spezialisierte Sturmtruppen, die für schnelle Infanterieangriffe ausgebildet wurden.

DAS SCHLACHTFELD

Die Hügel im Nordosten Frankreichs sind von Befestigungen durchzogen. Ein Ring aus Wehranlagen war im ausgehenden 19. Jahrhundert errichtet worden. Diese sind beeindruckend, aber widerstehen sie auch moderner Technologie?

VERFÜGBARE TRUPPEN

DEUTSCHE ARMEE

General Erich von Falkenhayn befehligt **75** Divisionen.

FRANZÖSISCHE ARMEE

General Joseph Joffre unterstehen **50** Divisionen.

STRATEGIE

Dies wird ein entsetzlicher Zermürbungskrieg. Wie lange wird die Schlacht wohl dauern, und wie geht sie für Ihre Seite aus?

I

Als entscheidender Sieg mit 300.000 feindlichen und weniger als 100.000 eigenen Verlusten.

II

Als Teilsieg mit 400.000 feindlichen und weniger als 200.000 eigenen Verlusten.

III

Als Pyrrhussieg mit 300.000 feindlichen und mehr als 300.000 eigenen Verlusten.

IV

Als Niederlage mit mehr als 350.000 feindlichen und mehr als 350.000 eigenen Verlusten.

V

Als völlige Niederlage mit weniger als 200.000 feindlichen und mehr als 400.000 eigenen Verlusten.

LÖSUNG UMSEITIG

LÖSUNG 1916

SCHLACHT UM VERDUN

Ihre Armee hat die größte Wehranlange in nur drei Tagen eingenommen, aber der Kampf ist noch lange nicht vorbei. Die *Schlacht um Verdun* dauerte neun Monate, drei Wochen und sechs Tage – es war die größte, längste und blutigste Auseinandersetzung des Krieges.

Entscheidung für IV

Die Zahl der Verluste wird auf etwa 340.000 auf beiden Seiten geschätzt. Im Grunde genommen endete die Schlacht mit einer Niederlage für die Deutschen, da sie keinen Boden hinzugewinnen konnten.

»So lange die gegnerischen Armeen hinsichtlich Zahl und Moral anfangs etwa gleichgestellt sind und es keine Flankenmanöver gibt, ist ein langes Ringen um die Vormachtstellung unausweichlich.«

– General Douglas Haig

FÜNF LANGE JAHRE

Können Sie anhand der nachfolgenden Hinweise herausfinden, wann welche Schlacht geschlagen wurde und welche Kommandanten anwesend waren?

Kommandanten der Alliierten: Byng, Sajontschkowski, Foch, John French, Lanrezac
Kommandanten der Mittelmächte: Falkenhausen, Toshev, Hindenburg, Rupprecht, Bülow

1. Feldmarschall John French befehligte 1915 die Truppen der Alliierten bei der *Schlacht bei Loos*.
2. General Sajontschkowski war bei der letzten Schlacht nicht anwesend, Hindenburg schon.
3. General Toshev befehligte die bulgarischen Truppen bei der *Schlacht bei Dobrich*, die einige Zeit nach der Schlacht stattfand, an der General Lanrezac beteiligt war.
4. Bei der Schlacht, die 1917 stattfand, standen sich Falkenhausen und Byng gegenüber, aber nicht in *Amiens*.
5. Bülow befehligte eine Armee bei der *Schlacht bei St. Quentin*, die vor den anderen stattfand.

HINWEIS

Dies ist ein klassisches Logikrätsel. Haken Sie jedes Feld ab, bei dem Sie wissen, dass die Antwort korrekt ist, und machen Sie ein Kreuz in jedes Feld mit der falschen Antwort (sowie jene in derselben Kategorie, die sich in der gleichen Zeile oder Spalte wie ein abgehaktes Feld befinden).

	BYNG	SAJONTSCHKOWSKI	FOCH	JOHN FRENCH	LANREZAC	1914	1915	1916	1917	1918	FALKENHAUSEN	TOSHEV	HINDENBURG	RUPPRECHT	BÜLOW
ST QUENTIN															
AMIENS															
ARRAS															
LOOS															
DOBRICH															
FALKENHAUSEN															
TOSHEV															
HINDENBURG															
RUPPRECHT															
BÜLOW															
1914															
1915															
1916															
1917															
1918															

SCHLACHT	JAHR	ALLIIERTER KOMMANDANT	MM-KOMMANDANT

LÖSUNG AUF SEITE 219

EIN SCHWARZER TAG

SCHLACHTFELD 1918

Sie gehören den Alliiertentruppen in Frankreich an, die kurz vor einer entscheidenden Offensive stehen. Der Krieg scheint sich ewig hinzuziehen. Die Alliierten haben an der Westfront in dreieinhalb Jahren keine Fortschritte erzielt und können nur nutzlose Offensiven und hohe Verluste vorweisen. Die Deutschen konnten dank ihrer gefürchteten Sturmtruppen vor Kurzem an Boden gewinnen. Die Moral ist auf beiden Seiten schlecht. Zwar haben die Alliierten Unterstützung von den Vereinigen Staaten erhalten, doch viele amerikanische Soldaten sind schlecht ausgebildet. Sie müssen trotzdem versuchen, den Stillstand zu beenden.

DAS SCHLACHTFELD

Das weite Ackerland im Norden Frankreichs hat sich in eine grässliche Landschaft verwandelt: überall Krater, Stacheldraht und Schlamm. Doch die Gegend, in der Ihr Angriff stattfinden soll, ist relativ trocken und offen.

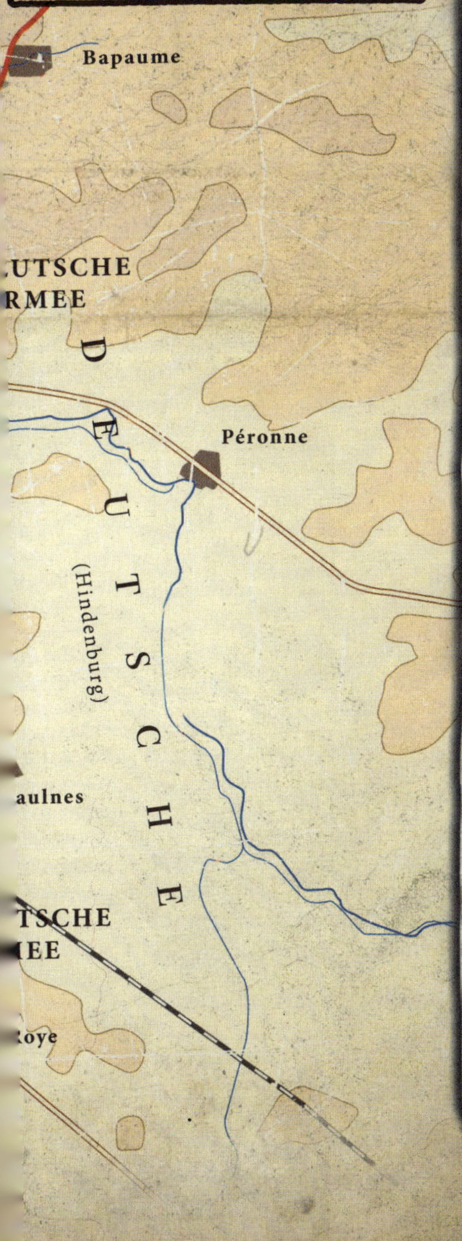

VERFÜGBARE TRUPPEN

ALLIIERTENARMEE

Marschall Ferdinand Foch befehligt **32** Divisionen inkl. französischer, britischer, australischer, kanadischer und amerikanischer Truppen.

DEUTSCHE ARMEE

Feldmarschall Paul von Hindenburg unterstehen **14** Divisionen.

STRATEGIE

Was ist in Bezug auf die Artillerie Ihre beste Strategie?

I

Andauerndes Sperrfeuer – beschiessen Sie den Feind über mehrere Tage, und passen Sie das Feuer bei Bedarf an. Sie können Schlüsselpositionen und die feindliche Artillerie anvisieren und die Moral der Deutschen vor dem Hauptangriff weiter senken.

II

Konzentriertes Sperrfeuer – Feuern Sie in kurzer Zeit all Ihre Waffen ab, um den Schreck zu maximieren. Der Feind hat diese Taktik bei der Michael-Offensive (einer gewaltigen Offensive im März und April 1918) in Kombination mit seinen Sturmtruppen eingesetzt.

III

Verzögertes Sperrfeuer – Schiessen Sie nach Gutdünken und nicht nur angepasst, um den Feind nicht vorzuwarnen, und schicken Sie gleichzeitig Ihre Front vor.

LÖSUNG UMSEITIG

LÖSUNG 1918

SCHLACHT BEI AMIENS

Am ersten Tag der Schlacht kapitulierten erstaunlich viele Deutsche, was von General Ludendorff als »schwarzen Tag des deutschen Heeres« bezeichnet wurde. Die *Schlacht bei Amiens* leitete die *Hunderttageoffensive* ein, die den Alliierten letztendlich den Sieg bescherte und den Ersten Weltkrieg beendete

Entscheidung für III

Das Überraschungsmoment und der dichte Nebel waren Schlüsselelemente, die den Sieg der Alliierten bei der Schlacht bei Amiens herbeiführten. Es war eine brillant vernetzte Operation; dem plötzlichen Artilleriesperrfeuer folgten Infanterie- und Panzerangriffe, mit denen der Feind nicht gerechnet hatte.

KOPFSCHMERZEN

Um die Zahl der Verletzungen auf dem Schlachtfeld zu verringern, stattete das britische Kriegsministerium alle Soldaten mit Stahlhelmen anstelle der zuvor getragenen mit Wachstuch gefütterten und mit Stoff bezogenen Dienstmützen aus. Die Intensität der Kämpfe veränderte sich zwar nicht, aber das Ministerium stellte entsetzt fest, dass sich die Zahl der Verletzten pro Bataillon nach der Ausgabe der Helme noch vergrößerte. Können Sie erklären, warum das Ministerium die Helme nicht zurückgerufen und abermals Dienstmützen ausgeteilt hat?

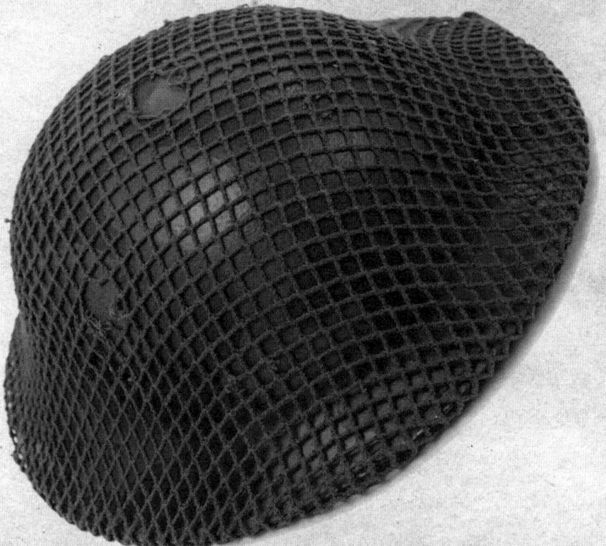

LÖSUNG AUF SEITE 219

IX. ZWEITER WELTKRIEG

Als Generalleutnant Grant 1865, am Ende des Amerikanischen Bürgerkriegs, Robert E. Lees Kapitulation annahm, wusste er, dass die vom Krieg zerrissene Nation am besten durch Großzügigkeit zu heilen war. Aber der »Krieg, der alle Kriege beenden sollte« von 1914 bis 1918 hatte die Welt schockiert, und die Sieger waren alles andere als großmütig gestimmt.

Deutschland musste sein Militär drastisch verkleinern und hohe Reparationszahlungen an die Alliierten leisten, was die Nation demütigte, ruinierte und verärgerte.

Der Vertrag von Versailles säte unabsichtlich Samen der Zerstörung, aus denen noch viel größere Schrecken als jene des Ersten Weltkriegs erwachsen sollten. Wieder einmal sorgten militärische Erfindungen dafür, dass die Welt einen hohen Preis zu zahlen hatte.

FRANKREICH GEGEN DEUTSCHLAND

SCHLACHTFELD 1939

Willkommen bei der französischen Armee. Ihr streitsüchtiger Nachbar Deutschland hat den Vertrag von Versailles gebrochen, ein beachtliches Heer aufgestellt und ist in Polen eingefallen! Daher haben Sie und Ihre britischen Alliierten Deutschland den Krieg erklärt. In Frankreich hält sich die Begeisterung in Grenzen, aber Sie können nicht warten, bis Deutschland angreift, sondern müssen die Initiative ergreifen! Ihr Ziel ist es, die als Siegfried-Linie bekannte Wehrstellung der Deutschen, von diesen Westwall genannt, zu überqueren.

»Viele Menschen sagen, durch eine Bombardierung kann man keinen Krieg gewinnen. Ich erwidere immer, dass es noch niemand versucht hat … Wir werden sehen.«

– Sir Arthur »Bomber« Harris

Das Schlachtfeld

In dem vom Feind besetzten Gebiet, dem Ihr Hauptangriff gilt, liegen mehrere Städte sowie ein großes Waldgebiet. Sie müssen mit Gegenwehr der 1. deutschen Armee und Minen im Wald rechnen. Noch aber haben die Deutschen die Errichtung des Westwalls nicht abgeschlossen und nicht alle Befestigungen fertiggestellt.

Verfügbare Truppen

Französische Armee

General Maurice Gamelin befehligt **41** Divisionen, darunter eine Panzerdivision, **400** Panzer und über **4.500** Artillerieeinheiten.

Deutsche Armee

General Erwin von Witzleben unterstehen **22** Divisionen mit etwa **100** Artillerieeinheiten.

Strategie

Wie sollen Sie vorgehen?

I
Den Angriff fortsetzen

II
Den Angriff abblasen

Lösung umseitig

LÖSUNG 1939

SAAR-OFFENSIVE

Bei der *Saar-Offensive* brachen die Franzosen den Angriff ab, bevor sie die Siegfried-Linie auch nur erreicht hatten. Diese Entscheidung spiegelte den Pessimismus wider, der das Land nach den Schrecken des Ersten Weltkriegs erfasst hatte. Nichtsdestotrotz wurde Frankreich später erobert und besetzt.

Entscheidung für I

Ein Angriff auf die Siegfried-Linie hätte einen Teil der deutschen Truppen vom Polenfeldzug abgezogen und den darauffolgenden Blitzkrieg in Europa hinausgezögert. Es ist jedoch wahrscheinlich, dass sich Deutschland nach der Invasion Polens neu formiert hätte und dennoch in Frankreich eingefallen wäre.

KRÄFTEGLEICHGEWICHT IX

Sie kennen das ja inzwischen: Halten Sie den Feind auf, bis die Verstärkung eintrifft.

VERFÜGBARE TRUPPEN

Ihre Einheiten bestehen aus Bombern, die des Feindes aus Panzern und Fußsoldaten. Wir gehen davon aus, dass Ihre Einheiten ebenso gut sind wie die des Gegners und dass es nur auf die Zahl und Art der Einheiten ankommt.

PANZER BOMBER FUSSSOLDAT

DAS SCHLACHTFELD

Die folgenden Einheiten gleichen einander aus und sorgen für eine Pattsituation.

STRATEGIE

Ein feindlicher Trupp aus vier Fußsoldaten und zwei Panzern rückt auf Ihre Position vor. Wie viele Bomber benötigen Sie mindestens, um diese Einheiten zu neutralisieren?

LÖSUNG AUF SEITE 220

LUFTSCHLACHT

SCHLACHTFELD 1940

Die deutsche Kriegsmaschinerie scheint unaufhaltsam zu sein – Polen und Frankreich sind dem Blitzkrieg bereits zum Opfer gefallen. Wer wird der Nächste sein? Großbritannien steht allein da, und Sie wurden dem Oberkommando über die Jägerflotte der Royal Air Force (RAF Fighter Command) zugewiesen und sollen bei der Verteidigung der Insel helfen. Die Luftwaffe hat sich mit Geschwadern aus Messerschmitt Bf 109 mehrfach im britischen Luftraum gezeigt und britische Jäger gejagt. Wenn die Deutschen in der Luft die Oberhand gewinnen, folgt die Invasion! Aber Hitlers Zorn und Ungeduld haben ihn dazu bewogen, zivile Gebiete anzugreifen, anstatt sich auf militärische Ziele zu konzentrieren. Jetzt heißt es: Handeln oder sterben!

DAS SCHLACHTFELD

Das Schlachtfeld ist dreidimensional und gewaltig: Es umfasst den Himmel über dem Süden Großbritanniens. Zum Flugabwehrnetzwerk gehören Radarstationen, die frühzeitig vor den sich vom Kontinent nahenden feindlichen Flugzeugen warnen. Sobald sich die Eindringlinge jedoch über dem Land befinden, müssen Sie sie mit traditionelleren Methoden verfolgen.

VERFÜGBARE TRUPPEN

BRITISH ROYAL AIR FORCE

Air Chief Marshal Hugh Dowding hat fast **2.000** Flugzeuge.

DEUTSCHE LUFTWAFFE

Reichsmarschall Hermann Göring verfügt über ca. **2.500** Flugzeuge.

STRATEGIE

Wie sollen Sie Ihre Jäger zur generellen Verteidigung einsetzen?

I

Nur die feindlichen Jäger angreifen

II

Nur die feindlichen Bomber und ihre Eskorten angreifen

III

Alle feindlichen Flugzeuge angreifen

LÖSUNG UMSEITIG

LÖSUNG 1940

»BATTLE OF BRITAIN«

Die *Luftschlacht um England* war ein entscheidender Sieg für die Alliierten.

Entscheidung für II

Die frühe Entscheidung, sich auf die feindlichen Bomber zu konzentrieren und den deutschen Jägern auszuweichen, erwies sich als strategisch vernünftig. So wurde beim Feind der Eindruck geweckt, die Royal Air Force wäre ausgedünnt und schwach. Als die deutsche Luftwaffe die Angriffe daraufhin verstärkte, nahmen auch die deutschen Verluste stark zu. Durch ihren Sieg in der Luftschlacht um England vereitelte die RAF Hitlers Invasionspläne für Grossbritannien und bewahrte die Freiheit des Landes, während man darauf wartete, dass die Vereinigten Staaten in den Krieg eingriffen. Trotzdem gab es auf beiden Seiten hohe Verluste, darunter auch viele Zivilisten. Hitler schien den wahren Wert des Radar-Netzwerks nicht zu kennen, und man geht davon aus, dass die Schlacht vermutlich anders ausgegangen wäre, wenn die Deutschen sich zunächst darauf konzentriert hätten, die Flugabwehranlagen am Boden zu zerstören.

ENIGMA-VARIANTE

DIE INFORMATIONEN

Die cleveren Wissenschaftler in Bletchley Park haben die folgende verschlüsselte Nachricht abgefangen.

28061420011209391809152209
39280614200106143040393409
222239083239083227061439
091522092239281509123922
150614302839120934152222
09223918012222283044

DIE HERAUSFORDERUNG

Die britische Royal Navy hat kürzlich diesen beschädigten Zettel aus einem eroberten U-Boot geborgen. Vermutlich handelt es sich um den Schlüssel zum Knacken des Codes. Können Sie die Nachricht oben damit entschlüsseln?

		C												
		06												
	Q	R	S	T	U	V	W	X	Y	Z		,	'	.
	26										39			

LÖSUNG AUF SEITE 220

TOBRUK

SCHLACHTFELD 1942

Sie schließen sich dem Deutschen Afrikakorps in der Nähe von Tobruk in Libyen an. Die Alliierten halten den Hafen, den Deutschland zurückerobern will. Seit Kurzem haben Sie neue Vorräte und die Lufthoheit in der Region. Zudem besitzen Sie detaillierte Informationen über die Positionen der Alliierten aus der US-Botschaft. Nun müssen Sie die Befestigungen der Alliierten durchbrechen, um Ihr Ziel zu erreichen. Wenn Ihnen das schnell gelingt, können Sie *Operation Herkules* – die Invasion von Malta – fortsetzen.

Das Schlachtfeld

Tobruk ist von einem Netz aus Befestigungen, Stacheldraht und Minenfeldern umgeben. Die südlichste Position wurde von den 3.700 Mann einer Brigade der Freien Französischen Streitkräfte bemannt.

Verfügbare Truppen

Achsenmächte

Erwin Rommel befehligt **90.000** Mann (Deutsche und Italiener), gut **560** Panzer und **400** Flugzeuge.

Alliierte

Claude Auchinleck unterstehen **110.000** Mann (Briten, Amerikaner, Südafrikaner und Franzosen), knapp **850** Panzer und etwa **200** einsatzfähige Flugzeuge.

Strategie

Welcher Punkt macht Ihnen die grössten Sorgen?

I

Zahlenmässige Unterlegenheit

II

Die Brigade der Freien Französischen Streitkräfte

III

Minen und Befestigungen

IV

Die Informationen der Alliierten

Lösung umseitig

LÖSUNG 1942

UNTERNEHMEN THESEUS

Diese *Schlacht von Gazala* war ein Sieg für die Achsenmächte und wird als Rommels Meisterwerk angesehen.

Entscheidung für II

Rommel hielt alle Trümpfe in der Hand, darunter beachtlich viele Informationen aus der Überwachung des alliierten Funkverkehrs, konnte Tobruk erobern und die Alliierten zurückdrängen. Doch eine Komponente dieses Kampfes bewirkte, dass sich die Moral der Alliierten und insbesondere der Franzosen verbesserte. Die *Schlacht von Bir Hakeim* war ein Angriff auf die von Franzosen gehaltene Position im Süden; die tapferen Franzosen waren zwar schlechter bewaffnet und sahen sich einer zehnfachen Übermacht gegenüber, doch sie hielten 17 Tage durch, bevor sie aus der Stellung ausbrechen konnten. Dadurch blieben Rommels Nachschublinien lange gefährdet. Aufgrund der hohen Verluste nahmen die Deutschen von der Invasion Maltas Abstand.

»Das Terrain führt zu Messungen,

Messungen führen zu Schätzungen,

Schätzungen führen zu Analysen,

Analysen führen zu Vergleichen,

und Vergleiche führen zum Sieg.«

– Sun Tsu

DIE WELT IM KRIEG

Können Sie anhand der folgenden Hinweise herausfinden, wann und wo die einzelnen Schlachten stattfanden und welcher Kommandant als Sieger daraus hervorging?

SCHLACHTEN: *Bardia, Ortona, Heilbronn, Tassafaronga, Narva*

KOMMANDANTEN: Vokes, Wright, Mackay, Friessner, Burress

SCHAUPLÄTZE: Ostfront, Mittelmeerraum, Afrika, Pazifik, Westfront

1. General Vokes befehligte die siegreichen Truppen bei der *Schlacht um Ortona*, die im Mittelmeerraum stattfand.
2. Die *Schlacht um den Brückenkopf von Narva* wurde 1944 ausgefochten, aber nicht von General Burress, der ein Jahr später an der Westfront siegreich war.
3. General Friessner gewann an der Ostfront. Diese Schlacht fand einige Zeit nach der *Schlacht von Bardia* statt.
4. Die erste dieser Schlachten wurde von General Mackay in Afrika bestritten.
5. Die *Schlacht bei Tassafaronga* war eine Seeschlacht, die 1942 im Pazifik stattfand.

HINWEIS

Dies ist ein klassisches Logikrätsel. Haken Sie jedes Feld ab, bei dem Sie wissen, dass die Antwort korrekt ist, und machen Sie ein Kreuz in jedes Feld mit der falschen Antwort (sowie jene in derselben Kategorie, die sich in der gleichen Zeile oder Spalte wie ein abgehaktes Feld befinden).

	VOKES	WRIGHT	MACKAY	FRIESSNER	BURRESS	OSTFRONT	MITTELMEERRAUM	AFRIKA	PAZIFIK	WESTFRONT	1941	1942	1943	1944	1945
BARDIA															
ORTONA															
HEILBRONN															
TASSAFARONGA															
NARVA															
1941															
1942															
1943															
1944															
1945															
OSTFRONT															
MITTELMEERRAUM															
AFRIKA															
PAZIFIK															
WESTFRONT															

SCHLACHT	KOMMANDANT	SCHAUPLATZ	JAHR

LÖSUNG AUF SEITE 220

VERTEIDIGUNG DER HEIMAT

SCHLACHTFELD 1943

Sie kämpfen in der Roten Armee der Sowjetunion. 1941 haben die verräterischen Deutschen der UdSSR den Krieg erklärt und die größte Invasionsstreitmacht der Geschichte in Ihr Heimatland geschickt. Zu Beginn war die Rote Armee überrascht und hat an Boden verloren, aber die Deutschen merkten bald, wie unnachgiebig das Land und die Menschen waren. Die Gegenoffensive hat begonnen. Sie müssen verhindern, dass das II. SS-Panzerkorps die Stadt Prochorowka einnimmt. Geben Sie alles, Kamerad!

DAS SCHLACHTFELD

Die Gefechtslinie erstreckt sich über 30 Kilometer. Die gewaltige Ebene und das raue Wetter wirken sich negativ auf die Versorgung und Moral der Deutschen aus. Das Wetter erschwert den Luftkampf, aber die Deutschen haben dennoch die Lufthoheit gewonnen und können Ihre Panzer mit ihren Stukas angreifen.

VERFÜGBARE TRUPPEN

SOWJETARMEE

Die 5. Garde-Panzerarmee verfügt über etwa **800** gepanzerte Fahrzeuge und setzt als Standardpanzer den T-34 ein. Ihre Truppen werden von einer Flugabwehrdivision und fünf Artillerieregimentern sowie einer Artilleriebrigade unterstützt.

DEUTSCHE ARMEE

Das II. SS-Panzerkorps besteht aus fast **300** gepanzerten Fahrzeugen und nutzt vor allem den Panzer IV sowie **15** schwere Tiger. Die Männer und ihre Kommandanten werden als Elitekämpfer des Reichs angesehen.

STRATEGIE

Wie wird die Schlacht für die Rote Armee ausgehen?

I

Mit einer taktischen Niederlage, aber einem strategischen Sieg

II

Mit einem taktischen und strategischen Sieg

III

Mit einem taktischen Sieg, aber einer strategischen Niederlage

LÖSUNG UMSEITIG

LÖSUNG 1943

DIE SCHLACHT BEI PROCHOROWKA

ENTSCHEIDUNG FÜR I

ANGESICHTS DER HOHEN VERLUSTE WAR DIE *SCHLACHT BEI PROCHOROWKA* EINE SCHWERE TAKTISCHE NIEDERLAGE FÜR DIE SOWJETUNION. DIE WAFFEN-SS KÄMPFTE INTELLIGENT UND ERBITTERT. DIE SOWJETS VERLOREN VIERMAL SO VIELE MÄNNER UND FAHRZEUGE WIE DIE ZAHLENMÄSSIG UNTERLEGENEN DEUTSCHEN. DER FEIND WURDE ZURÜCKGEDRÄNGT, ABER NICHT VERNICHTET. DIESE SCHLACHT IST TEIL DES WEITAUS UMFANGREICHEREN *UNTERNEHMENS ZITADELLE*, EINER DER GRÖSSTEN OFFENSIVEN DIESES KRIEGES. DIE SOWJETS WAREN LETZTEN ENDES SIEGREICH, UND DIE ROTE ARMEE MARSCHIERTE BIS NACH BERLIN, WÄHREND DIE US-TRUPPEN AN DER WESTFRONT UND IM PAZIFIK DIE OBERHAND BEHIELTEN UND 1945 FÜR DAS ENDE DES ZWEITEN WELTKRIEGS SORGTEN.

ANGRIFFSWINKEL

DAS PROBLEM

Sie befinden sich an einem Strand und richten Ihre Artillerie auf eine feindliche Flakbatterie, die sich auf einer steilen Klippe befindet. Die Klippe ist 300 Meter hoch, und die Entfernung zwischen Ihrem Geschütz und dem Fuß der Klippe beträgt 400 Meter. In welchem Winkel müssen Sie Ihr Geschütz ausrichten, um die Flakbatterie zu zerstören?

LÖSUNG AUF SEITE 220

X. KALTER KRIEG

Am 6. und 9. August 1945 warfen die Vereinigten Staaten von Amerika Atomwaffen über zwei japanischen Inseln ab. Die Zerstörung von Hiroshima und Nagasaki führte das Ende des Zweiten Weltkriegs herbei und kostete zahllose Zivilisten das Leben. Zudem wurde dadurch das Atomzeitalter eingeläutet.

Der Faschismus (die Ideologie, die die besiegten Achsenmächte vereinte) war so gut wie ausgelöscht worden, nur zwei Ideologien blieben bestehen: Kapitalismus und Kommunismus. Beide erhoben Ansprüche auf die Weltherrschaft. Doch die Welt wollte nicht mehr Millionen Menschen für eine Ideologie auf dem Schlachtfeld sterben lassen. Zukünftige Konflikte mochten unausweichlich sein, aber die Regeln hatten sich geändert.

Die *Kunst des Krieges* verlor jedoch nicht im Geringsten an Bedeutung.

KOREA

SCHLACHTFELD 1950

Korea, das von 1910 bis 1945 von den Japanern besetzt gewesen war, wurde nach Kriegsende von den Alliierten in die kommunistische, prosowjetische Demokratische Volksrepublik Korea im Norden und die antikommunistische, proamerikanische Republik Korea im Süden geteilt. Am 25. Juni 1950 startete Nordkorea (mit Unterstützung der UdSSR) eine Überraschungsinvasion des Südens. Die Vereinten Nationen beschlossen, sich dem entgegenzustellen. Sie gehören der US-Armee an, die versucht, einen gewaltigen nordkoreanischen Panzerangriff abzuwehren.

DAS SCHLACHTFELD

Sie haben sich an den Hängen zu beiden Seiten einer Dorfstraße etwa 40 Kilometer südlich der südkoreanischen Hauptstadt verschanzt. Die Gefechtslinie ist über eineinhalb Kilometer lang. Es gießt in Strömen, daher ist mit Luftunterstützung nicht zu rechnen.

»Führungsqualitäten setzen sich aus Strategie und Charakter zusammen. Aber wenn Sie auf eins verzichten müssen, dann auf die Strategie.«

– General Norman Schwarzkopf

Verfügbare Truppen

Vereinigte Staaten

Lt. Colonel Charles B. Smith befehligt das 1. Bataillon des 21. Infanterieregiments, das aus **500** Mann besteht. Sie werden von einer Geschützgruppe eines Artilleriebataillons unterstützt. Ihre Ausrüstung ist veraltet, und Ihre Männer verfügen über wenig Kampferfahrung.

Nordkorea

Lt. General Lee Kwon-mu unterstehen zwei Regimenter der 4. Infanteriedivision (**5.000** Mann) und ein Regiment der 105. Panzerdivision (36 T-34 Panzer).

Strategie

Können Sie den Angriff abwehren?

I

Soll das ein Witz sein? Niemals!

II

Vielleicht für ein paar Stunden …

III

Auf jeden Fall! Hooah!

LÖSUNG UMSEITIG

LÖSUNG 1950

SCHLACHT BEI OSAN

Die US-Truppen waren nicht auf die *Schlacht bei Osan* vorbereitet.

Entscheidung für II

Mut ist im Krieg ein wichtiger Faktor, kann aber die Tatsache, dass Ihnen der Feind zehn zu eins überlegen ist und Sie über unzulängliche Waffen verfügen, nicht wettmachen. Man muss den Amerikanern zugutehalten, dass sie drei Stunden durchhielten, aber sie konnten den sowjetischen Panzern kaum Schaden zufügen. Der Koreakrieg veränderte letzten Endes gar nichts, da keine Seite Territorium hinzugewann. Schätzungsweise verloren 3,5 bis 4,5 Millionen Menschen ihr Leben, darunter ca. eine Million Südkoreaner und 2,5 Millionen Nordkoreaner (jeweils Soldaten und Zivilisten), ca. eine Million Chinesen sowie rund 40.000 Soldaten der UN-Nationen (der Großteil US-Amerikaner).

KRÄFTEGLEICHGEWICHT X

Sind Sie bereit, den Feind ein letztes Mal zurückzuhalten, bis Verstärkung eintrifft?

VERFÜGBARE TRUPPEN

Ihre Einheiten bestehen aus Kampfhubschraubern, die des Feindes aus Boden-Luft-Raketen und Schützenpanzerwagen. Wir gehen davon aus, dass Ihre Einheiten ebenso gut sind wie die des Gegners und dass es nur auf die Zahl und Art der Einheiten ankommt.

KAMPFHUBSCHRAUBER | BODEN-LUFT-RAKETE | SCHÜTZENPANZERWAGEN

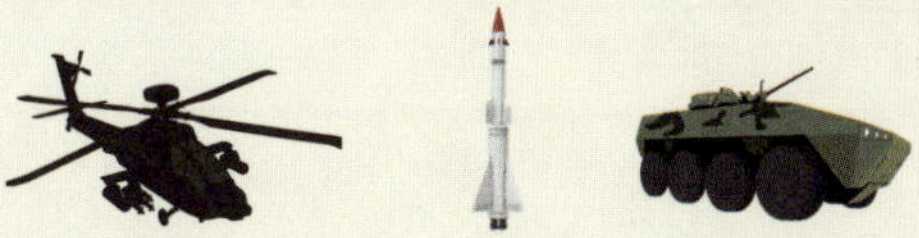

DAS SCHLACHTFELD

Die folgenden Einheiten gleichen einander aus und sorgen für eine Pattsituation:

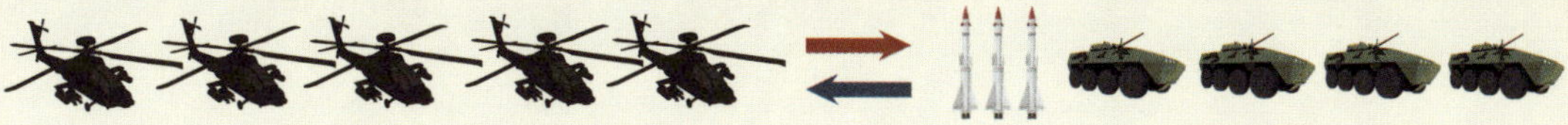

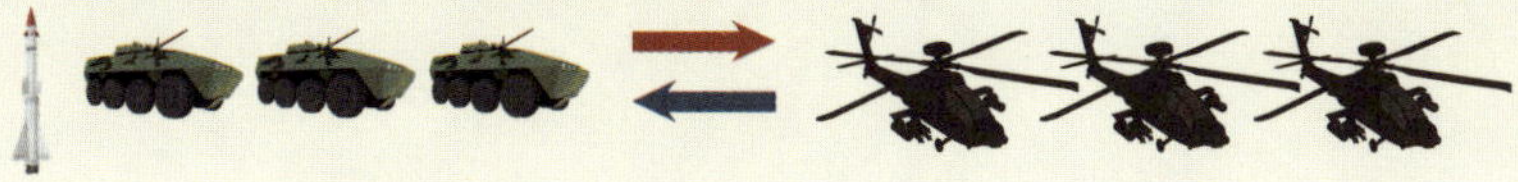

STRATEGIE

Wie viele Kampfhubschrauber müssen Sie mindestens losschicken, um eine feindliche Streitmacht aus fünf Boden-Luft-Raketen und fünf Schützenpanzerwagen zu neutralisieren?

LÖSUNG AUF SEITE 221

VIETNAM

SCHLACHTFELD 1969

Sie treten der US Army bei. Wieder einmal werden Sie in Übersee eingesetzt, um die Gefahr des globalen Kommunismus zu bekämpfen. Der Vietnamkrieg tobt seit über 14 Jahren. Ihr Ziel ist »Hügel 937«, eine vom Feind gehaltene Position auf dem Berg Dong Ap Bia.

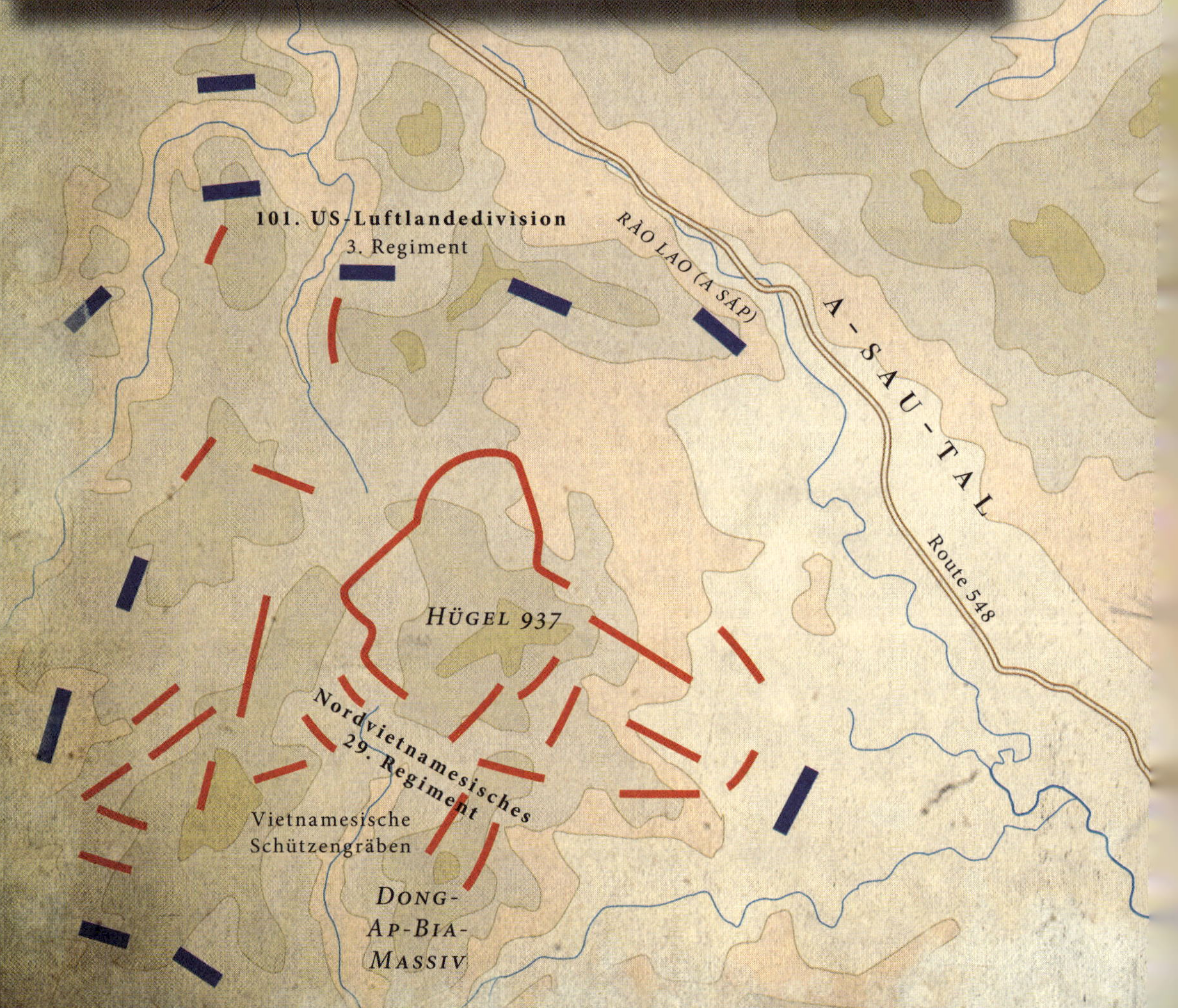

DAS SCHLACHTFELD

Der Hügel ist gut befestigt und liegt an der Grenze zu Laos in der Nähe des berüchtigten Ho-Chi-Minh-Pfads (der gewaltigen Versorgungslinie des Feindes). Das schlechte Wetter schränkt Ihre Bewegungsfreiheit und die Luftunterstützung ein.

VERFÜGBARE TRUPPEN

VEREINIGTE STAATEN/ SÜDVIETNAMESISCHE ARMEE

Lt. Col. Weldon F. Honeycutt befehligt **1.800** Infanteristen der 101. US-Luftlandedivision (3. Regiment) und wird von der südvietnamesischen 1. Infanteriedivision (3. Regiment) unterstützt.

NORDVIETNAMESISCHE ARMEE

Das 7. und 8. Bataillon des 29. Nordvietnamesischen Regiments verteidigt den Hügel. Die Männer sind Veteranen, keine Guerillas.

STRATEGIE

Wie lautet Ihr Schlachtplan?

I

Den Hügel um jeden Preis einnehmen (Infanterieangriff).

II

Sollen die Nordvietnamesen den verdammten Hügel doch behalten.

III

Schonen Sie die Truppen, und bombardieren Sie stattdessen den Hügel.

LÖSUNG UMSEITIG

LÖSUNG 1969

SCHLACHT AM HAMBURGER HILL

Die *Schlacht am Hamburger Hill* ist bis heute umstritten.

Entscheidung für I

Es war allseits bekannt, dass der Hügel nur geringen strategischen Wert besass, und doch wurde er zu einem Preis von über 500 Menschenleben eingenommen und kurz darauf wieder aufgegeben. Diese Geschichte schien die Antikriegsbewegung nur zu bestätigen. Aber Lt. Col. Honeycutt glaubte, der Aussenposten sei das lokale Hauptquartier der Nordvietnamesen, und bezweifelte, es durch eine Bombardierung neutralisieren zu können. Mit Blick auf den Gesamtverlauf des Vietnamkriegs, aus dem sich die USA vier Jahre später gezwungenermassen zurückzogen, dürfte die Einnahme von »Hügel 937« nichts oder kaum etwas bewirkt haben, doch das lässt sich im Grunde genommen über jede Schlacht in einem verlorenen Krieg sagen.

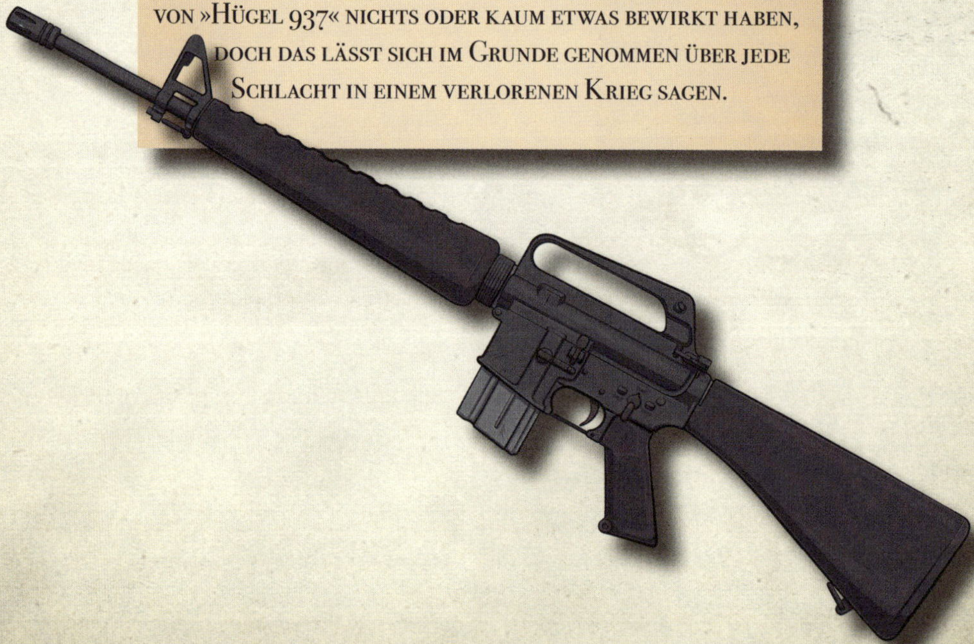

FINDEN SIE DIE FLOTTE

Sie sind auf Aufklärungsmission im Pazifik und wollen die zehn Schiffe einer Flugzeugträgerkampfgruppe aufspüren.

- Ein Flugzeugträger ist vier Felder lang, ein Kreuzer drei Felder, ein Zerstörer zwei Felder und ein U-Boot ein Feld.
- Jedes Gitterfeld enthält entweder ein Schiffselement oder es ist leer. Vier Elemente sind bereits zu sehen.
- Die Zahlen am Rand verraten, wie viele Elemente sich in dieser Zeile oder Spalte befinden.
- Kein Element darf (horizontal, vertikal oder diagonal) an ein Element angrenzen, das zu einem anderen Schiff gehört.
- Die Schiffe können sich horizontal, vertikal oder diagonal im Gitter befinden.

1 Flugzeugträger   2 Kreuzer
3 Zerstörer   4 U-Boote

3 1 2 3 2 3 1 3 1 1

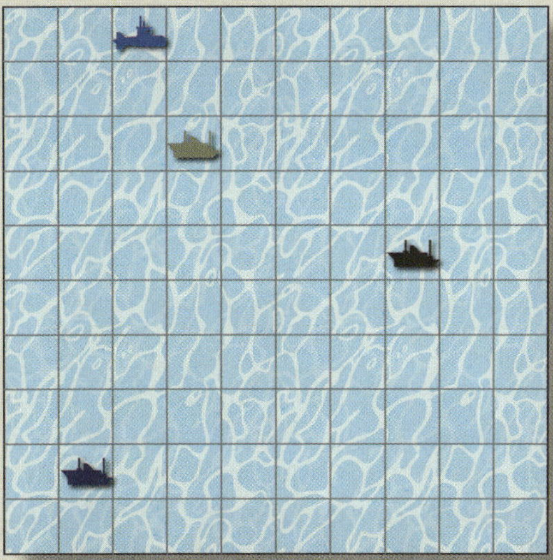

7
0
1
4
1
3
0
0
4
0

LÖSUNG AUF SEITE 221

INDIEN

SCHLACHTFELD 1971

Sie gehören der pakistanischen Armee ein, die beim indischen Nachbarn einfällt. Gebietsstreitigkeiten zwischen den beiden Ländern sind seit der 1947 errungenen Unabhängigkeit keine Seltenheit. Pakistan hat einen Panzerangriff gestartet, um die Kontrolle über wichtige Städte und Militärstützpunkte zu übernehmen. Ihre Armee wird das Land über den Grenzaußenposten Longewala betreten, um dann zu versuchen, die Stadt Jaisalmer einzunehmen.

»Siegen wird, wer Finten erkennt und den Kunstgriff der Täuschung beherrscht.«

– Sun Tsu

DAS SCHLACHTFELD

Die Wüste ist kein ideales Gelände für Ihre Panzer. Minen wurden hastig ausgelegt, und das Gebiet ist mit Stacheldraht umzäunt. Sie beginnen den Angriff um 00.30 Uhr.

Schwadron

VERFÜGBARE TRUPPEN

PAKISTAN

Brigadier Tariq Mir befehligt **2.000** Infanterieeinheiten, **45** Panzer und über **500** gepanzerte Hilfsfahrzeuge. Es gibt keine Luftunterstützung.

INDIEN

Major Chandpuri unterstehen **120** Infanteristen, **5** Kampfflugzeuge und eine M40-Panzerhaubitze. Die indischen Flugzeuge haben keine Nachtsichtgeräte und können daher im Dunkeln keine Missionen fliegen.

STRATEGIE

Welchen Befehl sollen Sie erteilen?

I

Zögern Sie den Angriff hinaus, bis Verstärkung eintrifft.

II

Lassen Sie Longewala von allen Panzern einnehmen.

III

Versuchen Sie, die Stadt zu umgehen.

LÖSUNG UMSEITIG

LÖSUNG 1971

SCHLACHT UM LONGEWALA

Die *Schlacht um Longewala* war eine katastrophale Niederlage für Pakistan. Ihre Angriffsspitze aus Panzern wurde von der armseligen Panzerabwehr der indischen Garnison aufgehalten, dennoch hätten Sie den Außenposten problemlos überrennen müssen. Dann aber dämmerte es, und vier Hawker Hunter tauchten am Himmel auf. Nur mit diesen Kampfflugzeugen konnte die indische Luftwaffe 36 Ihrer Panzer, Hunderte Hilfsfahrzeuge und ein Zehntel Ihrer Infanterie vernichten.

ENTSCHEIDUNG FÜR I

DAMIT HÄTTEN SIE DEN VERLAUF DES DRITTEN INDISCH-PAKISTANISCHEN KRIEGES VERÄNDERT, DER MIT 13 TAGEN ALS EINER DER KÜRZESTEN DER GESCHICHTE GILT.

NUR DREI MINUTEN!

Keine Panik! Sie haben drei Minuten Zeit. Suchen Sie die folgenden Wörter im Gitter unten, um die völlige Vernichtung zu verhindern, und bleiben Sie ruhig. Die Wörter können horizontal, vertikal oder diagonal und vorwärts oder rückwärts zu finden sein!

- Interkontinentalrakete
- Explosion
- Krater
- Fallout
- Pilzwolke
- Strahlung
- Elektromagnetischer Puls
- Atomspaltung
- Nuklearer Winter

S	B	T	L	R	P	O	B	U	E	E	R	K	X	D	G	M	G	G	B	A	T	H	R	R
L	A	L	A	E	U	V	G	E	T	P	G	W	G	Z	E	T	E	P	S	A	P	G	I	T
A	V	W	N	T	C	O	U	P	E	I	S	S	M	Z	G	J	K	X	E	D	D	P	T	I
G	C	K	M	A	O	W	N	P	K	V	N	T	T	S	S	S	L	F	S	W	H	I	Y	A
E	M	P	U	R	J	M	Y	O	A	T	T	P	B	R	R	S	O	J	N	O	H	Q	Q	H
B	L	J	A	K	J	W	S	V	R	O	G	R	N	Q	A	A	W	W	D	O	Q	R	P	N
J	Q	Y	R	D	G	E	F	P	L	M	T	V	P	H	G	H	Z	C	O	A	M	L	O	T
Z	T	K	B	S	N	W	N	N	A	V	U	N	U	N	P	U	L	X	Z	B	B	N	J	W
F	I	P	B	T	K	J	H	M	T	L	U	D	B	P	U	Y	I	U	L	N	P	S	B	D
J	A	B	N	U	R	O	K	B	N	R	T	O	S	F	O	I	P	N	N	D	J	S	D	F
C	T	F	N	O	S	E	C	E	E	N	E	U	F	C	Z	L	K	W	K	G	V	V	Q	A
S	U	X	O	Z	G	N	P	S	N	H	O	D	N	T	C	K	Y	R	S	E	H	W	V	R
A	T	Q	Y	N	H	R	A	F	I	X	P	I	J	G	D	K	A	I	K	K	G	A	E	R
B	J	E	T	M	Q	V	A	M	T	J	P	F	S	W	U	A	D	Y	H	R	R	M	L	G
T	I	H	A	P	E	A	Q	R	N	X	K	R	Y	O	P	G	E	L	I	T	J	E	J	D
V	T	Y	R	T	T	R	M	P	O	B	F	C	C	J	L	N	S	A	B	W	W	J	H	N
D	C	A	T	J	L	T	E	F	K	G	L	L	T	V	S	P	P	U	W	H	W	L	L	O
U	K	P	C	X	T	U	J	C	R	B	U	R	H	C	V	S	X	T	V	K	Y	R	D	V
C	X	R	E	T	N	I	W	R	E	R	A	E	L	K	U	N	K	E	H	U	U	H	Z	U
E	D	R	S	I	C	A	L	G	T	I	G	X	W	T	U	O	L	L	A	F	L	A	J	R
Y	L	K	Y	T	A	S	O	V	N	D	H	Y	V	T	C	R	C	T	Q	C	A	G	I	T
Z	U	K	B	A	I	A	H	L	I	A	C	S	K	G	W	Z	M	H	S	Y	N	R	H	S
G	I	O	V	B	C	M	Z	Q	T	P	R	K	S	U	E	E	T	A	E	S	L	I	C	M
W	S	W	I	A	T	E	R	H	U	O	P	W	D	H	X	O	I	J	J	B	Y	U	L	K
E	M	S	L	U	P	R	E	H	C	S	I	T	E	N	G	A	M	O	R	T	K	E	L	E

LÖSUNG AUF SEITE 222

SCUD-JAGD

Sie wurden dem britischen Special Air Service zugeteilt und kämpfen im Irakkrieg hinter feindlichen Linien. Ihre Mission besteht darin, feindliche Scudraketen aufzuspüren.

Mit einem Kompass und einer kommentierten Karte, die Sie von lokalen Verbündeten erhalten haben, ist es Ihrem Kommandanten gelungen, den feindlichen Wachen und Minenfeldern aus dem Weg zu gehen, indem er sich wie angewiesen von Sektor zu Sektor bewegt hat. Aber Sie sind an Ihrem Zielort (DD/02) auf heftigen Widerstand gestoßen, und der Kommandant wurde schwer verletzt und hat das Bewusstsein verloren. Nun haben Sie das Kommando. Sie müssen Ihren Trupp an den Anfangspunkt zurückführen und die Koordinaten des Treffpunkts über Funk durchgeben. Jedes Feld enthält die Richtung und Entfernung, die Sie auf dem Hinweg zurückgelegt haben. »1S« bedeutet beispielsweise, dass Sie ein Feld in Richtung Süden gegangen sind. Können Sie herausfinden, wo Ihr Weg begonnen hat?

3E	1S	1S	2W	AA
1S	2S	2W	3S	BB
3E	1E	2S	1U	CC
1S		1E	3W	DD
4N	2U	1U	2W	EE
01	02	03	04	

LÖSUNG AUF SEITE 223

VIRUS

Eine Terroristenzelle hat ein Virus geschaffen, das jeden Infizierten an aggressiven Gedanken oder Taten hindert. Sie will es in den Vereinigten Staaten von Amerika einsetzen, um danach eine Militäroffensive zu starten. Die Anzahl der infizierten Amerikaner wird sich mit jedem Tag verdoppeln, und an Tag 43 wird die gesamte Bevölkerung der USA infiziert sein.

Die Terroristen gehen davon aus, dass ihre eigenen Leute immun gegen das Virus sind, und wollen endlich zum Angriff übergehen. Damit sie einen heldenhaften Sieg erringen können, sollen die Amerikaner zumindest noch symbolischen Widerstand leisten. Ihr Plan ist es anzugreifen, wenn die Hälfte der Bevölkerung neutralisiert ist. Wann können die Terroristen die Offensive starten, wenn sie das Virus am 24. Mai (Tag 1) freisetzen?

LÖSUNG AUF SEITE 223

LEG VI
LEG VI

LÖSUNGEN

I. ANTIKE

KRÄFTEGLEICHGEWICHT I

Sie benötigen fünf Hopliten. Jeder Schleuderer ist einen halben Hopliten und jeder Streitwagen einen drei viertel Hopliten wert.

IM KAMPF VERSCHOLLEN

Gitter **C** ist das fehlende Teil. Jede Zeile und Spalte des großen Mosaiks enthalten zwei lilafarbene Felder, das Symbol Z und die römischen Zahlen ergeben addiert 8.

C

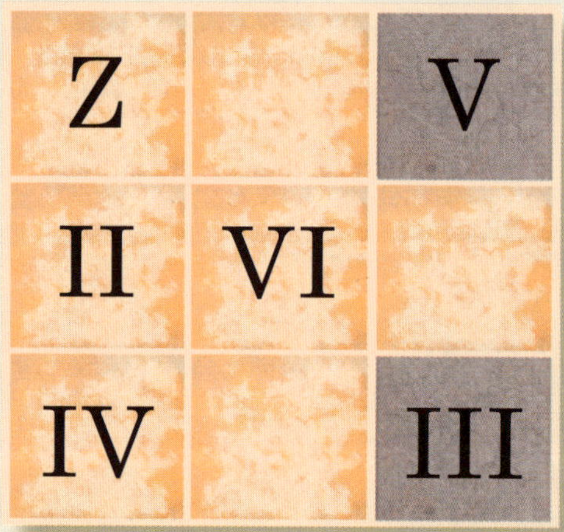

FINDEN SIE EINEN WEG – DIE ELEFANTEN VON KARTHAGO

Hannibal muss in der Nordostecke auf dem mit »II W« gekennzeichneten Feld starten.

DIE WÜRFEL SIND GEFALLEN

Einen Fluss, der sowohl eine Mündung als auch ein Bett hat. Caesar soll an den Fluss Rubikon vorrücken, der Gallien vom italienischen Gebiet Roms trennt. Indem er den Fluss mit seiner Armee überquerte, beging er bewusst Verrat und löste den römischen Bürgerkrieg aus. Angeblich hat er die Worte »Alea iacta est« (»Die Würfel sind gefallen«) gemurmelt, als seine Armee das flache Wasser durchquerte.

II. RÖMISCHES REICH

KRÄFTEGLEICHGEWICHT II

Sie benötigen sieben Legionäre. Drei Legionäre sind vier Reiter und fünf Legionäre sind vier Katapulte wert. Für die Lösung gilt: Kavallerie = 3, Legionär = 4 und Katapult = 5.

WACHDIENST (TEIL I)

DOPPELZÜNGIGE DRUIDEN

Erwan ist der Anführer.
Bodhmall, Dornoll und Erwan haben die Wahrheit gesagt.

UMRECHNUNGSKURS

4.100 Denare. Das Einzige, was sich auf den Bannern der Legionen unterscheidet, ist die Zahl, die – selbstverständlich – in römischen Ziffern dargestellt wird. Der Preis spiegelt die Anzahl der Balken jeder Zahl wider. Wenn das Banner der ersten Legion (I) halb so viel kostet wie das der zehnten (X), beträgt der Preis 150 Denare. Der Gesamtpreis setzt sich wie folgt zusammen:

I	150
II	300
III	450
IV	450
V	300
VI	450
VII	600
VIII	650
IX	450
X	300

Vielleicht sollten Sie die achte Legion lieber entlassen?

III. ZEITALTER DER KRIEGSHERRN

KRÄFTEGLEICHGEWICHT III

Sie müssen sechs berittene Bogenschützen losschicken. Drei Speerkämpfer sind zwei Reiter und vier berittene Bogenschützen sind sieben Speerkämpfer wert. So ergibt sich: Speerkämpfer = 4, Reiter = 6, berittene Bogenschützen = 7.

WACHDIENST (TEIL II)

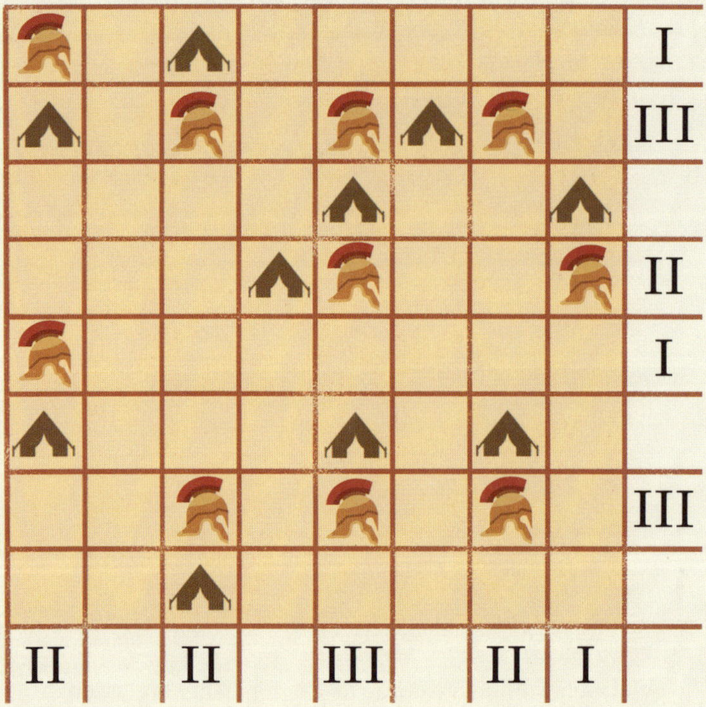

DENKEN SIE MIT!

	LINKE FLANKE				RECHTE FLANKE
FEINDLICHER KOMMANDANT	Konrad der Rote	Herzog Burchard	Herzog Boleslav	Bischof Ulrich	König Otto
EINHEITENART	Ritter	Bogen-schützen	Pikeniere	Bürgerwehr	Königliche Panzerreiter
TRUPPENSTÄRKE	1.300	1.400	1.500	1.000	1.200
IHRE EINHEITENART	Berittene Bogenschützen	Leichte Kavallerie	Infanterie	Belagerungs-maschinen	Schwere Kavallerie
IHR HAUPTMANN	Lehel	Sur	Taksony	Zoltán	Bulcsú

NUR EIN TRAUM?

Die Kabtauts waren die Nachtwache des Khans und hatten die besondere Aufgabe, ihren schlafenden Herrn zu beschützen. Dieser Mann hätte in der vergangenen Nacht Wache halten und nicht etwa träumen sollen. Bei den Mongolen war es Brauch, die ganze zehnköpfige Arban zu bestrafen, wenn ein Mitglied seine Pflichten nicht erfüllt hatte.

IV. AUFSTIEG DER KÖNIGREICHE

KRÄFTEGLEICHGEWICHT IV

Sie benötigen vier Bogenschützen. Zwei Ritter sind drei Fußsoldaten wert, und ein Ritter entspricht drei Bogenschützen. Somit ergeben sich folgende Werte: Bogenschütze = 1, Fußsoldate = 2, Ritter = 3.

LOGISTIK

KAMPF UM DEN THRON – DIE ROSENKRIEGE

Wakefield war der einzige Sieg von Haus Lancaster bei diesen vier Schlachten.

	1459	1460	1461	1471
SCHLACHT	Blore Heath	Wakefield	Mortimer's Cross	Tewkesbury
YORK	Richard Neville	Richard of York	Eduard of York	Eduard IV
LANCASTER	James Tuchet	Henry Beaufort	Owen Tudor	Edmund Beaufort

KEIN WITZ

Einen Handschuh oder Fehdehandschuh – damit fordert man einen Rivalen zum Kampf, indem man ihn vor seine Füße wirft.

V. REVOLUTION!

KRÄFTEGLEICHGEWICHT V

Sie müssen drei Musketiere entsenden. Zwei Reiter entsprechen sechs Musketieren, und ein Reiter entspricht zwei Pikenieren. Somit ergibt sich Pikenier = 3, Musketier = 5, Reiter = 6 für die Lösung.

FREIHEIT!

	1777	1779	1780	1781
SCHLACHT	White Marsh	Beaufort	Springfield	Lindley's Mill
ORT	Pennsylvania	South Carolina	New Jersey	North Carolina
KOMMANDANT	George Washington	William Moultrie	Nathanael Greene	John Butler

WACHDIENST
(TEIL III)

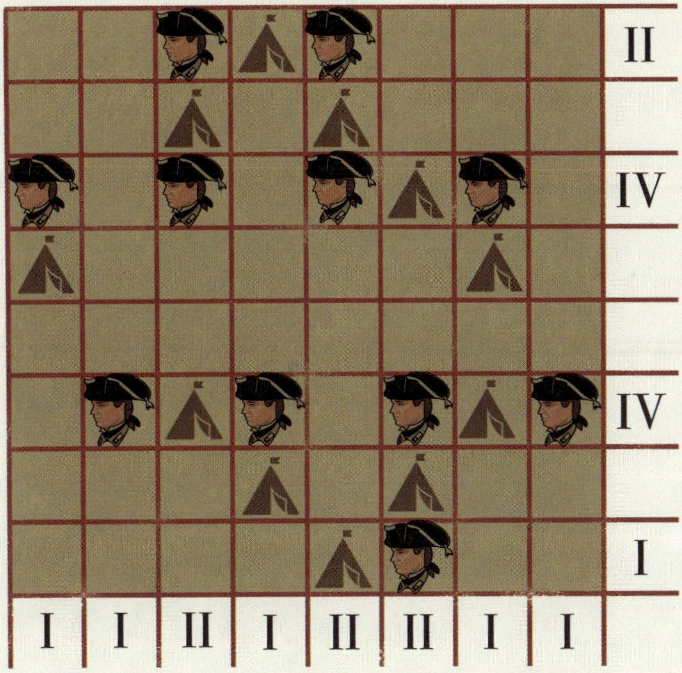

VOGEL DER FREIHEIT?

Mit dem Hahn wird die Muskete des Bauern gespannt;
beim Abfeuern entzünden sich die Körner des Schießpulvers.

VI. NAPOLEON

KRÄFTEGLEICHGEWICHT VI

Sie brauchen vier Fußsoldaten. Drei Feldgeschütze entsprechen sieben Reitern und fünf Feldgeschütze sieben Fußsoldaten. Mit den Werten Reiter = 3, Fußsoldat = 5 und Feldgeschütz = 7 haben Sie die Lösung.

HARTES KORPS

NACHZÜGLER

EINHEITENART	GRÖSSE	NATIONALITÄT	ZUSTAND
ARTILLERIE	100 Mann	Briten	Keine Munition
INFANTERIE	200 Mann	Österreicher	Erschöpft
DRAGONER	300 Mann	Preussen	Kein Anführer

KOSTBAR

Seine Geheimnisse.

VII. SEZESSIONSKRIEG

KRÄFTEGLEICHGEWICHT VII

Sie benötigen fünf Reiter. Drei Gatling-Repetiergeschütze entsprechen sieben Fußsoldaten, und ein Gatling-Repetiergeschütz entspricht sieben Reitern. Mit folgenden Werten errechnet sich die Lösung: Reiter = 1, Fußsoldat = 3, Gatling-Repetiergeschütz = 7.

WACHDIENST
(TEIL IV)

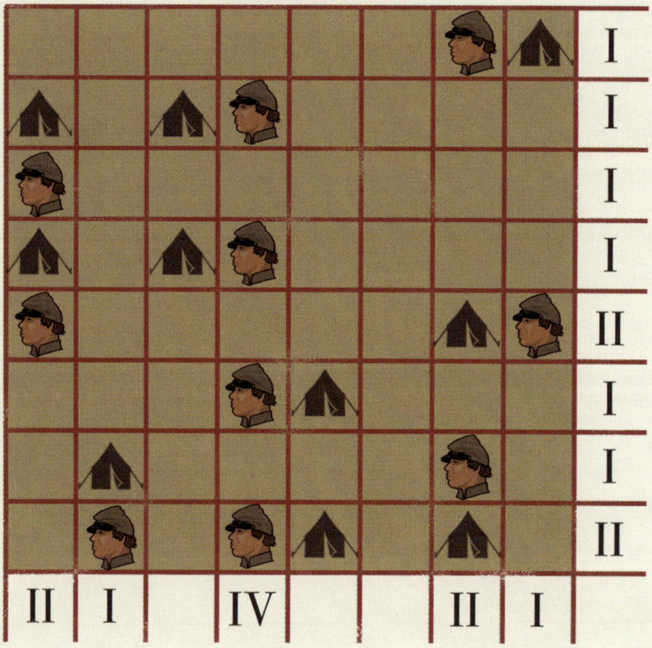

SCHLACHTRUF

SCHLACHT	JAHR	ORT	GENERAL
VALVERDE	1862	New Mexico	Sibley
BIG BETHEL	1861	Virginia	Magruder
HARTVILLE	1863	Missouri	Marmaduke
JOHNSONVILLE	1864	Tennessee	Forrest
PALMITO RANCH	1865	Texas	Ford

SCHNELLFEUER

Benjamins Waffe verfügt über eine bessere Feuergeschwindigkeit. In beiden Fällen zählt der erste Schuss nicht, da die Stoppuhr erst dadurch gestartet wird. Daher können wir davon ausgehen, dass Abners Waffe vier Schuss in fünf Sekunden abgibt (ein Schuss alle 1,25 Sekunden), Benjamins jedoch neun Schuss in zehn Sekunden (also ein Schuss alle 1,11 Sekunden).

VIII. ERSTER WELTKRIEG

KRÄFTEGLEICHGEWICHT VIII

Sie benötigen drei Fußsoldaten. Ein Panzer entspricht zwei Artilleristen, und fünf Panzer entsprechen sechs Fußsoldaten. Somit ergeben sich folgende Werte: Artillerie = 3, Fußsoldat = 5, Panzer = 6.

UNTER ZEITDRUCK!

M	V	P	W	G	B	G	W	P	W	E	X	F	R	W	B	H	S	W	N	O	A	Z
M	F	L	J	A	N	M	M	K	H	H	G	U	E	B	R	O	Z	C	H	R	R	O
C	E	W	T	I	E	L	Y	H	C	M	U	C	J	C	J	O	A	Z	P	L	C	S
X	Q	T	F	N	N	E	N	C	W	V	G	D	W	L	M	O	N	O	G	L	H	L
S	G	V	A	G	L	J	Z	S	R	C	G	H	R	V	Y	C	H	T	R	B	P	Z
Y	V	R	W	M	R	I	T	T	X	D	F	R	I	V	U	V	F	H	R	V	U	Z
U	S	C	A	G	M	N	I	P	Ü	I	B	Y	L	N	E	Y	K	A	M	H	L	G
U	M	Y	G	N	E	S	A	B	E	H	S	B	M	X	J	Z	X	R	G	A	S	A
X	A	R	W	M	A	K	D	L	Y	P	C	L	H	M	N	K	U	D	H	S	L	I
L	S	D	S	I	C	T	O	Q	E	O	T	S	Y	M	L	J	Z	L	Q	Q	E	Z
E	W	R	D	N	Z	L	E	A	U	F	O	X	F	A	U	C	L	E	H	Q	P	G
M	N	B	D	E	I	T	T	G	U	M	I	S	Y	R	S	T	P	H	N	J	A	M
T	B	D	Q	N	Z	L	U	B	J	I	V	J	P	T	A	K	S	C	P	F	I	P
E	A	J	C	L	E	N	E	E	N	X	L	A	I	I	E	H	L	A	J	T	D	Y
T	S	A	U	B	Z	F	J	P	W	D	H	K	K	L	W	U	C	T	Q	C	O	M
N	C	Y	B	I	P	T	G	K	P	O	I	G	C	L	Z	S	U	S	W	I	V	J
H	U	C	H	Z	R	Y	J	J	Z	E	X	S	G	E	R	I	C	H	L	Z	T	R
Z	R	Y	C	L	U	G	R	N	E	Z	Z	H	G	R	O	H	G	H	P	V	X	O
A	S	R	V	L	Q	E	J	E	M	N	W	Y	K	I	P	X	J	K	A	Y	T	U
M	C	A	H	G	O	W	I	Z	S	A	G	F	N	E	S	A	X	H	N	U	Z	J
K	P	T	M	Q	O	P	F	H	W	J	M	M	Z	A	V	M	F	G	Z	B	B	Z
Q	M	A	S	C	H	I	N	E	N	G	E	W	E	H	R	P	K	S	E	U	K	D
P	F	Z	C	A	N	H	F	A	R	E	J	B	Q	Q	A	F	E	M	R	P	S	Q

FÜNF LANGE JAHRE

SCHLACHT	JAHR	ALLIIERTER KOMMANDANT	MM-KOMMANDANT
St Quentin	1914	Lanrezac	Bülow
Amiens	1918	Foch	Hindenburg
Arras	1917	Byng	Falkenhausen
Loos	1915	John French	Rupprecht
Dobrich	1916	Sajontschkowski	Toshev

KOPFSCHMERZEN

Die Zahl der Verletzten nahm zwar zu, doch die Zahl der Gefallenen sank. Ein Soldat, der aufgrund seines ungeschützten Kopfs durch eine Schrapnellverletzung gestorben wäre, wurde nun stattdessen verwundet.

IX. ZWEITER WELTKRIEG

KRÄFTEGLEICHGEWICHT IX

Sie müssen sechs Bomber losschicken. Drei Bomber entsprechen zwei Panzern und drei Bomber vier Fußsoldaten. Mit folgenden Werten ergibt sich die Lösung: Fußsoldat = 3, Bomber = 4, Panzer = 6.

ENIGMA-VARIANTE

A	B	C	D	E	F	G	H	I	J	K	L	M	N	O
01	04	06	08	09	10	12	14	15	16	18	20	21	22	24
P	Q	R	S	T	U	V	W	X	Y	Z		,	'	.
25	26	27	28	30	32	33	34	35	36	38	39	40	42	44

Schließen Sie zuerst die einfachsten Möglichkeiten aus. Dies scheint ein Code zu sein, bei dem Buchstaben durch Zahlen ersetzt werden. Es gibt 30 Zeichen, aber die letzte Zahl ist die 39. Handelt es sich um eine Reihe? Ja – die ersten 30 Zahlen, die keine Primzahlen sind, werden als zweistellige Zahlen geschrieben. So können Sie das folgende Zitat von Feldmarschall Erwin Rommel entschlüsseln:

Schlage keine Schlacht, wenn du durch einen Sieg nichts gewinnen kannst.

DIE WELT IM KRIEG

SCHLACHT	KOMMANDANT	SCHAUPLATZ	JAHR
Bardia	Mackay	Afrika	1941
Ortona	Vokes	Mittelmeerraum	1943
Heilbronn	Burress	Westfront	1945
Tassafaronga	Wright	Pazifik	1942
Narva	Friessner	Ostfront	1944

ANGRIFFSWINKEL

Wenn Sie Trigonometrie verabscheuen, sollten Sie sich aus dem Artilleriekorps versetzen lassen! Die Klippe bildet die Gegenkathete (300 Meter) des gesuchten Winkels, die Entfernung zur Klippe (400 Meter) die Ankathete, und Sie müssen die inverse Tangente von 0,75 (300/400) berechnen. Die Lösung lautet 36,9 Grad.

X. KALTER KRIEG

KRÄFTEGLEICHGEWICHT X

Sie brauchen sieben Kampfhubschrauber. Drei Kampfhubschrauber entsprechen vier Boden-Luft-Raketen und vier Kampfhubschrauber fünf Schützenpanzerwagen. Somit ergibt sich Boden-Luft-Rakete = 3, Schützenpanzerwagen = 4, Kampfhubschrauber = 5.

FINDEN SIE DIE FLOTTE

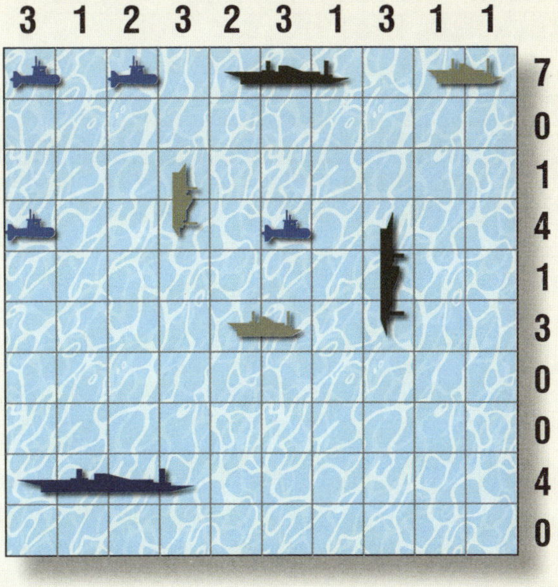

NUR DREI MINUTEN!

S	B	T	L	R	P	O	B	U	E	E	R	K	X	D	G	M	G	G	B	A	T	H	R	R
L	A	L	A	E	U	V	G	E	T	P	G	W	G	Z	E	T	E	P	S	A	P	G	I	T
A	V	W	N	T	C	O	U	P	E	I	S	S	M	Z	G	J	K	X	E	D	D	P	T	I
G	C	K	M	A	O	W	N	P	K	V	N	T	T	S	S	S	L	F	S	W	H	I	Y	A
E	M	P	U	R	J	M	Y	O	A	T	T	P	B	R	R	S	O	J	N	O	H	Q	Q	H
B	L	J	A	K	J	W	S	V	R	O	G	R	N	Q	A	A	W	W	D	O	Q	R	P	N
J	Q	Y	R	D	G	E	F	P	L	M	T	V	P	H	G	H	Z	C	O	A	M	L	O	T
Z	T	K	B	S	N	W	N	N	A	V	U	N	U	N	P	U	L	X	Z	B	B	N	J	W
F	I	P	B	T	K	J	H	M	T	L	U	D	B	P	U	Y	I	U	L	N	P	S	B	D
J	A	B	N	U	R	O	K	B	N	R	T	O	S	F	O	I	P	N	N	D	J	S	D	F
C	T	F	N	O	S	E	C	E	E	N	E	U	F	C	Z	L	K	W	K	G	V	V	Q	A
S	U	X	O	Z	G	N	P	S	N	H	O	D	N	T	C	K	Y	R	S	E	H	W	V	R
A	T	Q	Y	N	H	R	A	F	I	X	P	I	J	G	D	K	A	I	K	K	G	A	E	R
B	J	E	T	M	Q	V	A	M	T	J	P	F	S	W	U	A	D	Y	H	R	R	M	L	G
T	I	H	A	P	E	A	Q	R	N	X	K	R	Y	O	P	G	E	L	I	T	J	E	J	D
V	T	Y	R	T	T	R	M	P	O	B	F	C	C	J	L	N	S	A	B	W	W	J	H	N
D	C	A	T	J	L	T	E	F	K	G	L	L	T	V	S	P	P	U	W	H	W	L	L	O
U	K	P	C	X	T	U	J	C	R	B	U	R	H	C	V	S	X	T	V	K	Y	R	D	V
C	X	R	E	T	N	I	W	R	E	R	A	E	L	K	U	N	K	E	H	U	U	H	Z	U
E	D	R	S	I	C	A	L	G	T	I	G	X	W	T	U	O	L	L	A	F	L	A	J	R
Y	L	K	Y	T	A	S	O	V	N	D	H	Y	V	T	C	R	C	T	Q	C	A	G	I	T
Z	U	K	B	A	I	A	H	L	I	A	C	S	K	G	W	Z	M	H	S	Y	N	R	H	S
G	I	O	V	B	C	M	Z	Q	T	P	R	K	S	U	E	E	T	A	E	S	L	I	C	M
W	S	W	I	A	T	E	R	H	U	O	P	W	D	H	X	O	I	J	J	B	Y	U	L	K
E	M	S	L	U	P	R	E	H	C	S	I	T	E	N	G	A	M	O	R	T	K	E	L	E

SCUD-JAGD

Der Treffpunkt ist AA/03.

VIRUS

Am 4. Juli. Wenn die ganze Bevölkerung an Tag 43 infiziert ist, hat es an Tag 42 bereits die Hälfte aller Amerikaner erwischt.

NOTIZEN